U0129369

「十七年」戲曲論爭研究

王俊彬 著

文 史 哲 學 集 成
文史哲出版社印行

國家圖書館出版品預行編目資料

「十七年」戲曲論爭研究 / 王俊彬著. --
初版 -- 臺北市：文史哲出版社, 民 112.09
　頁；　公分（文史哲學集成；752）
ISBN 978-986-314-653-7（平裝）

1.CST：戲曲評論 2.CST：中國戲劇
3.CST：文集

824.07　　　　　　　　　112014274

文 史 哲 學 集 成　752

「十七年」戲曲論爭研究

著　　　者：王　　　俊　　　彬
出 版 者：文 史 哲 出 版 社
http://www.lapen.com.tw
e-mail：lapen@ms74.hinet.net
登記證字號：行政院新聞局版臺業字五三三七號
發 行 人：彭　　　正　　　雄
發 行 所：文 史 哲 出 版 社
印 刷 者：文 史 哲 出 版 社
臺北市羅斯福路一段七十二巷四號
郵政劃撥帳號：一六一八〇一七五
電話886-2-23511028・傳真886-2-23965656

定價新臺幣三六〇元

二〇二三年（民一一二）九月初版
二〇二四年（民一一三）元月初版二刷

ISBN 978-986-314-653-7　　01752

本書榮獲黃岡師範學院
博士基金(立項編號 2042021003)補助出版
特此致謝

中文摘要

　　從中華人民共和國成立到文革開始前，中國大陸發生了幾場具有影響力的戲曲論爭，其反映當代戲曲發展的美學追求與政治驅動力是什麼？本論文採用文獻分析法，運用中國大陸與台灣有關當代戲曲、文藝理論，以及和本研究相關之專書、工具書、期刊論文、學術論文、會議論文集、報紙文章等資料，尤其是當代戲曲形塑過程的資料，以及與當代戲曲史相關，戲曲寫實化發展方向的討論與爭論等，集中研究當代戲曲最具代表性的六場論爭──反歷史主義（神話劇）論爭、「戲曲藝術改革問題座談會」論爭、「推陳出新」論爭、「戲曲藝術革新」論爭、鬼戲論爭和京劇表現現代生活論爭，發現「十七年」戲曲這六場論爭同時受到三種傾向影響，隨著戲曲改革運動的進展，其著重之處大致上從「戲劇真實」、「社會主義現實主義」，朝著「現代生活現實」的傾向逐漸轉移，亦即從戲曲美學標準、現實主義話劇美學標準、現實主義真實的政治標準，挪移至反映現代生活現實的政治標準。此三種傾向不但可解釋「十七年」戲曲論爭的趨勢，且能說明各場論爭中的起始與結果。

關鍵詞：當代戲曲　戲曲論爭　現實主義　戲曲改革　「十七年」

英文摘要

From the founding of the People's Republic of China to the Cultural Revolution, there were several influential controversies on *xiqu* work in mainland China. What are the aesthetic pursuit and political driving force reflecting the development of contemporary drama?

To answer the above question, this dissertation adopts the literature analysis method with the theory of contemporary *xiqu* and art related to mainland China and Taiwan, as well as books, reference books, periodicals, literature, academic literature, conferences, anthologies, newspaper articles and other resources concerning this research. The references include the shaping process of the contemporary *xiqu*, the discussions and controversies related to the history of contemporary *xiqu*, the realistic development direction of *xiqu*, etc.

The dissertation focuses on the six most representative controversies on contemporary *xiqu*: the controversy over Anti-Historicism (mythical drama), the controversy about the forum on the reform of *xiqu* art, the controversy over "Innovation", the controversy over "the innovation of *xiqu* art", the controversy over "Beijing opera (*Jingju*) expresses the modern life". It is found that the sixteen controversies of the Seventeen-Year *xiqu* were affected by three tendencies at the same time.

With the progress of the Reform Movement of *Xiqu*, its emphasis has shifted from "dramatic reality" and "socialist realism" to "modern life reality", that is, from the aesthetic standards of drama and realism standards, real political standards of realism, moved to reflect the political standards of modern life. These three tendencies can not only explain the trend of Seventeen-Year *xiqu* controversy, but also explain the beginning and result of each controversy.

Keywords：contemporary *xiqu*, controversy of *xiqu*, realism, Reform Movement of *Xiqu*, Seventeen-Year

序　言

　　本書的最初發想，是來自 1954 年「戲曲的藝術改革問題座談會」會議上，吳祖光和馬彥祥的針鋒相對。馬彥祥高舉現實主義的大旗，主張戲曲形式進行現實主義的改造；吳祖光卻推崇戲曲的「寫意」特徵，認為戲曲的寫意表現方法應該保留。

　　馬彥祥和吳祖光兩人的爭端，可以視為戲曲改革運動在「十七年」期間產生的各場論爭的一個縮影：馬彥祥援引現實主義藝術必須忠實於「生活的真實」的原則，與其統一陣線的馬少波則於會後反駁吳祖光將「寫意」當作戲曲創作與表演原則的觀點，認為戲曲虛擬性的表演動作，其實質是「根據現實生活中的動作加以洗鍊、集中和誇張而形成的，是符合歌舞劇的現實主義的創作原則的。」於是，吳祖光提出的「寫意」原則已然消解，論爭只剩下戲曲發展是否反映「生活的真實」的問題，此後戲曲「生活真實」與「藝術真實」發展方向的糾纏持續了多年。

　　與上述的論爭相似，「十七年」間其餘各場戲曲發展路線的論爭，幾乎都與爭論各種「真實」相關，隨著戲改運動的進展，其關注點大致上從「戲劇真實」、「社會主義現實主義」，朝向「現代生活現實」的傾向依序轉移。「真實」與「現實」原本並非中國傳統藝術理論關注的重點，近現代以來受西洋文

化浸染，才產生新文藝工作者「藝術的最高原則是真實」之說。因此筆者先在第一章論述現實主義，引用前輩哲人專著，指稱其根源為西方文藝的「模仿說」，此後第二至七章，便以「真實」與「現實」為切入點，探究六場主要戲曲論爭的核心議題，並從中歸納出「十七年」戲曲論爭的趨勢，以及中國大陸當代戲曲發展的美學追求。

　　本書於博士論文的基礎上，修改校訂而成。當初論文從搜集資料到完稿，承蒙指導教授孫玫老師的循循善誘和誨人不倦；也感謝王力堅、徐亞湘、李元皓、張連強等諸位教授提出寶貴的建議與指正；而其他師長親朋的關懷，無法在此一一致謝，但我仍將永遠銘記在心；更要感謝父親大人和內人的支持與體諒，並謹以此書致敬我過世的母親。

　　由於筆者學識有限，本書研究仍存在許多不足之處，希望讀者師友不吝批評指正。

王俊彬　寫於遺愛湖畔

2023.05.25

「十七年」戲曲論爭研究

目　次

緒　論

　　筆者於碩士班修業期間，躬逢現代京劇《紅燈記》來台演出之盛，當時尚屬懵懂，只注意到高亢的唱腔、交響化的音樂，和寫實化的舞臺佈景，其印象之深，久久無法磨滅。博士班修習孫玫老師的課程時，方知中國大陸戲曲改革運動的主事者，如田漢、張庚、馬彥祥、馬少波等人，皆為新文藝工作者出身，早年投身話劇[1]運動，熟習話劇甚於戲曲，其話劇經歷必定對戲改工作有所影響。當代戲曲之漸向話劇美學靠攏，其來有自。後又得知《紅燈記》並非一開始便是「革命樣板戲」，而有個滬劇現代戲的前身。久之湧升疑惑：戲曲現代戲之寫實美學從何而來？是否全來自話劇美學？而此話劇美學又來自何方？何以現代乃至當代中國大陸需要此種文藝思潮？戲曲現代戲的藝術形態嵌合了戲曲與話劇美學，其用意是否單純想要真實地表現生活？若如此，為何其舞臺表演存在諸多不符西方現實主義強調的「細節真實」？戲曲程式化的虛擬表演為何可與寫實的舞臺背景並存？如此，學習偶有一隅之得，遂生發研究當代戲曲發展規律的興趣。

---

1 台灣近年來習慣用「舞臺劇」一詞取代「話劇」，乃是從英文「stage play」而來的翻譯。然而劇場中戲劇率多於舞臺上表演，「舞臺劇」此詞意涵並不明確。本文為行文方便，使用大陸仍在使用的「話劇」一詞。

第一節 「十七年」的戲曲改革與論爭

中國大陸當代戲曲，從發動戲曲改革運動的年代起，經歷了一場翻天覆地的現代轉型，其內涵不止於西方現實主義美學、現實主義表導演體系、西方編劇法則、西方作曲手法、舞臺美術等等的導入，更根本的改變，是其總體藝術生產方式，從傳統手工業式的、演員中心的師徒相承，改造為現代大工業式的專業分工。[2]

從 1949 年到 1966 年之間的「十七年」，即從中華人民共和國成立到文革開始前的時期，原本是個文學史分期概念。在文革之前，這段時期的文學通常使用「新中國文學」、「社會主義文學」或「當代文學」等概念加以表述，基本有著正面受肯定的形象。[3]「十七年」概念源於 1967 年 4 月 12 日軍委擴大會議上的〈為人民立新功〉演講：「這十七年來，文藝方面，也有好的或者比較好的反映工農兵的作品；但是，大量的是名、洋、古的東西，或者是被歪曲了的工農兵形象。」[4]此後，「十七年」這一詞語頻繁地出現在文革時期的各種批判文章和講話之中。為了政治鬥爭的需要，「十七年文藝」（或「十七年文學」）被視為與「文革文藝」相對立的負面概念，將其描述為「文藝

---

2 見孫玫，〈西方影響、社會變革與中國戲曲之現代轉型〉，《中國戲曲跨文化再研究》（台北：文津，2012 年），頁 108－137。
3 見羅長青，〈「十七年文學」概念源起及其研究的合理性問題〉，《南方文壇》2018 年 4 期，頁 85。
4 謝冕、洪子誠編，《中國當代文學史料選》（北京：北京大學，1995 年），頁 708。

黑線專政」階段，文革結束後其形象方得以扭轉。[5]然而關於評價「十七年文藝」究竟是「遺產」還是「負債」的問題，或將「十七年文藝」與「文革文藝」的性質分割開來，或將兩個時期視為相連續的不同階段等等，學界至今仍有各種意見的分歧。

由上所述，對於「十七年文藝」的不斷探索研究，今日依然大有可為。「十七年」期間，戲曲創作、演出和批評所引發的學術論辯或非學術批判層出不窮，幾場較大規模及較具影響力的戲曲論爭，可作為反映中國大陸當代戲曲發展傾向的一個側面，這幾場論爭表面上議題個個不同，然而撥開現象的迷霧之後，可以發現眾多議題列車都是開向少數幾個目的地。尋覓出這幾場戲曲論爭的運行軌跡，或能更加清楚勾勒出當代戲曲發展的美學追求與政治驅動力。

第二節　文獻回顧與檢討

關於戲曲論爭的文獻，主要包括戲曲史和戲曲理論批評的專書，以及學位論文、一般期刊論文等。

5　見李雲，〈重返現場：「十七年文藝」的建構〉，《海南師範大學學報（社會科學版）》2014 年 3 期，頁 18；羅長青，〈「十七年文學」概念源起及其研究的合理性問題〉，《南方文壇》2018 年 4 期，頁 89。

一、各書對當代戲曲論爭的分類

張庚主編的《當代中國戲曲》，於第十七章第三節〈戲曲評論及現狀研究〉，從 1950 到 1980 年代之間，選出「幾次重要的爭鳴討論」：

> 一、對於反歷史主義傾向的討論
> 二、關於歷史劇的深入討論
> 三、關於繼承戲曲遺產與推陳出新問題的論爭
> 四、關於戲曲反映現代生活的論爭
> 五、現代化與戲曲化的爭鳴[6]

《當代中國戲曲》對於論爭的評介簡潔明瞭。筆者對第二點列出「關於歷史劇的深入討論」持保留態度，因為歷史劇不是單純歸屬於戲曲的範圍，而且 1960 年代初期討論的諸多劇作都屬於話劇。第三點「關於繼承戲曲遺產與推陳出新問題的論爭」其實包含了「戲曲藝術改革問題座談會」論爭、「推陳出新」論爭、「戲曲藝術革新」論爭和鬼戲論爭等等，而標題中「繼承戲曲遺產」則指涉範圍過大，幾乎可以涵蓋大部份的戲曲論爭。

余从、王安葵主編的《中國當代戲曲史》，將戲曲相關的論爭置於〈戲曲理論與批評〉的章節之中，第十章第一節和第二節的標題如下：

---

6 見張庚主編，《當代中國》叢書編輯部編，《當代中國戲曲》（北京：當代中國，1994 年），第十七章第三節，頁 603－612。

一、辨明傳統戲曲中的精華與糟粕，闡述推陳出新的意
　　義和任務

二、闡述人民性、現實主義理論，明確審定劇目標準

三、反對戲曲改革中的教條主義，深入認識戲曲特點

四、對反歷史主義的批評

五、提倡從實際出發改編傳統劇目

六、熱情鼓勵新的創作和探索[7]

同書第二十一章第一節和第三節的標題如下：

一、1958 年對現代戲的研究

二、關於歷史劇的討論

三、1964 年前後關於現代戲的研究

四、對《團圓之後》、《斬經堂》等劇目的討論

五、關於推陳出新的討論

六、「文革」前的系列批判[8]

　　《中國當代戲曲史》第十章所列的標題底下，除了「對反
歷史主義的批評」稍為提到論爭之外，其餘多是戲曲理論批評
和戲曲政策闡述；第二十一章的前三點也多是戲劇理論研究，
少提論爭，後三點才敘述較多論爭和批判。總體來說，書中不
突出戲曲論爭，多以戲曲評論的形式陳述。

---

7 見余从、王安葵主編，《中國當代戲曲史》（北京：學苑，2005 年），
　第十章第一節和第二節，頁 231－246。

8 見余从、王安葵主編，《中國當代戲曲史》，第二十一章第一節和第三節，
　頁 494－505，頁 514－522。

　　高義龍、李曉主編的《中國戲曲現代戲史》，第四章第三節的標題為「關於發展戲曲現代戲的討論」，提到 1954 年「戲曲藝術改革問題座談會」引發的論爭；第五章第二節第三項的標題為「關於戲曲藝術革新的討論」，主要談到 1960 年的「戲曲藝術革新」論爭。[9]然而同樣與現代戲相關，書中卻未提及 1963－1964 年的京劇表現現代生活論爭，自然也沒談到現代戲運動時的「劇種分工論」和「題材局限論」等爭議。

　　相較於前幾本戲曲史的書寫，華迦、關德富合著的《關於幾個戲曲理論問題的論爭》，書中目次即是十二個當代戲曲問題的論爭：

一、正視現實　不斷革新——關於戲曲是否存在危機的論爭

二、戲曲必須跟隨時代的步伐前進——關於戲曲表現現代生活的論爭

三、發展戲曲的優勢　體現戲曲的特徵——關於戲曲特徵問題的論爭

四、歷史真實、時代感與現實感受——關於歷史劇問題的論爭

五、沒有必要創作新時代的鬼戲——關於鬼戲問題的論爭

六、現實與理想——關於新神話劇問題的論爭

---

9 高義龍、李曉主編，《中國戲曲現代戲史》（上海：上海文化，1999 年），頁 147，218。

七、正確認識傳統戲曲的思想價值——關於道德問題的
　　論爭

八、正確評價　　熱心扶植——關於「連臺本戲」問題
　　的論爭

九、戲曲文學中的說唱因素——關於戲曲文學問題的論
　　爭

十、戲曲表演的特徵——關於戲曲表演問題的論爭

十一、戲曲音樂的繼承與革新——關於戲曲音樂問題的
　　　論爭

十二、寫實還是寫意？——關於戲曲舞臺佈景問題的論
　　　爭[10]

　　本書沒有依照論爭時間的先後來排列目次，可以發現：第
一至三章談的是戲曲形式和內容矛盾的問題，第四至七章談的
是戲曲內容包含題材的問題，第八至十二章談的是戲曲形式的
問題。書中與其說是在介紹當代發生過的戲曲論爭，不如說是
將當代戲曲的問題分門別類，除了敘述戲曲史和論爭文章之
外，占更多篇幅的是兩位作者的批評和系統化的理論建構，可
發覺其意欲歸納總結當代戲曲發展規律的雄心，以及期望理論
發展突破以促進戲曲改革的深意。

　　田本相主編，劉方正撰寫的《中國戲劇論辯》下冊（戲曲
部分），則洋洋灑灑列出十六章的論爭：

　　第一章　關於神話劇的論爭

---

10 華迦、關德富，《關於幾個戲曲理論問題的論爭》（北京：文化藝術，
　　1986 年），目錄，頁 1－2。

第二章　關於「鬼」戲的論爭

第三章　關於戲曲藝術革新的論爭

第四章　關於推陳出新的論爭

第五章　關於戲曲現代戲的宣導

第六章　三個傳統劇目的論爭

第七章　關於「新神話劇」的論爭

第八章　關於京劇表現現代生活的論爭

第九章　關於《海瑞罷官》的論爭

第十章　關於如何繼承、改革和發展京劇藝術流派的
　　　　討論

第十一章　關於如何正確對待傳統劇目的論爭

第十二章　關於戲曲「危機」的論爭

第十三章　關於戲曲走向的論爭

第十四章　關於「樣板戲」的論爭

第十五章　川劇《潘金蓮》的論爭及其他

第十六章　越劇《西廂記》的論爭及其他[11]

　　《中國戲劇論辯》下冊目次的安排大致按照時間先後，第
一至九章為中華人民共和國成立至文革之間的論爭，第十至十
六章為改革開放後的論爭。書中對於各論爭的來龍去脈敘述詳
實，並附精闢的評論，只是某些章節引用資料較為龐雜，頭緒
稍嫌模糊。

　　高文升主編的《中國當代戲劇文學史》，其第六章〈中國

---

11 田本相主編，田本相、宋寶珍、劉方正著，《中國戲劇論辯》（南昌：
　　百花洲文藝，2007 年），目錄，頁 6－9。

當代戲劇文學若干問題的論爭〉，則列出包括話劇和歌劇在內
總共九節的論爭：

> 第一節　關於建國初期神話戲的論爭
> 第二節　關於歷史劇的論爭
> 第三節　關於新歌劇的論爭
> 第四節　關於社會主義悲劇的論爭
> 第五節　關於「鬼戲」的論爭
> 第六節　關於反映民族戰爭和民族關係戲劇的論爭
> 第七節　關於塑造領袖形象的討論
> 第八節　關於戲劇觀念的論爭
> 第九節　關於話劇民族化的論爭[12]

　　這一章敘述條理分明，議論頗為精闢專門，但是論及戲曲
論爭的只有第一、五、六節，未能有效地概括當代戲曲的論爭。

二、各學位論文對當代戲曲論爭的分類

　　王成誠《建國初期傳統文化政策研究（1949－1966）》[13]中，
將「推陳出新」論爭置於〈第三章　建國初期的「批判繼承」
法及其相關爭論〉中討論，其他戲曲論爭則放在「古今之爭」
的框架中。

---

12 高文升主編，《中國當代戲劇文學史》（南寧：廣西人民，1990 年），
　　頁 316－364。
13 王成誠，《建國初期傳統文化政策研究（1949－1966）》（山東師範大
　　學歷史系碩士論文，2010 年 4 月）。

孫豐俊《1949－1960 的京劇批評論爭──以報紙期刊為中心研究》[14]則將戲曲論爭分類於〈第二章「移步不換形」事件〉、〈第三章禁戲政策〉和〈第四章「人民性」問題的討論〉。

荊博《「十七年」戲劇批評的政治美學闡釋》[15]論及「推陳出新」論爭、現代戲論爭、鬼戲與神話劇的論爭，總體上以政治美學規定戲劇批評方向為論述命題。

三、提及當代戲曲論爭的期刊論文

其他論及當代戲曲論爭的期刊論文，如：王鍾陵〈粗暴與保守之爭及其合題：京劇革命──樣板戲興起的歷史邏輯及其得失之考察〉[16]，劉方政的〈政治與藝術夾縫中的呻吟與掙扎──關於「十七年」戲曲論爭的思考〉[17]、〈當代第一次戲曲論爭的意義〉[18]和〈學術批評・學術批判・政治批判──《李慧娘》在 1960 年代前期〉[19]，張煉紅的〈「戲」說革命：「反歷史

---

14 孫豐俊，《1949－1960 的京劇批評論爭──以報紙期刊為中心研究》（中國戲曲學院戲曲文學系碩士論文，2014 年 5 月）。

15 荊博，《「十七年」戲劇批評的政治美學闡釋》（中國傳媒大學戲劇戲曲研究所博士論文，2012 年 4 月）。

16 王鍾陵，〈粗暴與保守之爭及其合題：京劇革命──樣板戲興起的歷史邏輯及其得失之考察〉，《學術月刊》2002 年 10 期。

17 劉方政，〈政治與藝術夾縫中的呻吟與掙扎──關於「十七年」戲曲論爭的思考〉，《齊魯學刊》2010 年 3 期。

18 劉方政，〈當代第一次戲曲論爭的意義〉，《中國現代文學研究叢刊》2012 年 4 期。

19 劉方政，〈學術批評・學術批判・政治批判──《李慧娘》在 1960 年代前期〉，《山東師範大學學報（人文社會科學版）》2015 年 1 期。

主義」戲改傾向及其文藝闡釋系統再考察〉[20]

第三節　「十七年」的六場論爭

　　本論文採用文獻分析法，透過文獻檢索，蒐集中國大陸與台灣有關當代戲曲、文藝理論，以及和本研究相關之專書、工具書、期刊論文、學術論文、會議論文集、報紙文章等資料，尤其是中華人民共和國成立後至文革前這段時期（一般通稱「十七年」），當代戲曲形塑過程的資料，以及與當代戲曲史相關，戲曲寫實化發展方向的討論與爭論，包括戲劇史料、學者對於當代中國戲曲的論述和研究資料等。

　　研究範圍承上節所述，從中華人民共和國成立到文革前的時期，挑選出當代新戲曲最具代表性的六場論爭，排列如下：

一、反歷史主義（神話劇）論爭（1951－1952 年）

二、「戲曲藝術改革問題座談會」論爭（1954－1955 年）

三、「推陳出新」論爭（1956－1959 年，1960－1963 年）

四、「戲曲藝術革新」論爭（1960－1961 年）

五、鬼戲論爭（1953 年，1956 年，1963－1965 年）

六、京劇表現現代生活論爭（1963－1964 年）

　　至於若干關於個別戲曲劇目的論爭，議題較為繁雜，1959

---

20 張煉紅，〈「戲」說革命：「反歷史主義」戲改傾向及其文藝闡釋系統再考察〉，《社會科學》2013 年 10 期。

年的「新神話劇」論爭，與反歷史主義（神話劇）論爭性質類似，故皆捨去。

第四節 「十七年」戲曲論爭的 三種傾向

當代戲曲論爭的三種傾向各有其政治或藝術標準的偏重：「戲劇真實」主要偏重藝術標準；「社會主義現實主義」已偏向政治標準，但仍有藝術標準的要求；「現代生活現實」的傾向自然以政治標準為優先。三種傾向的存在貫穿了整個「十七年」時期，但在時代發展中先後占據著不同的比重。以下略加說明。

一、「戲劇真實」的傾向

「戲劇的真實」可以分為三層涵義，第一是現實主義話劇的真實美學，第二是戲曲的真實美學，第三是一般意義上戲劇從創作、演出到觀眾想像中呈現的真實。

三層涵義中，在戲改過程中占主導地位的是現實主義話劇的真實美學，以下略述之。

在當代戲曲中尋求戲劇的真實，就得在當代歷史的語境

中，追問「戲劇」的涵義。誠如學者們為戲曲發不平之鳴，對於一些戲劇史著作中，以話劇為專業的學者們將「戲劇」作為話劇的同義詞，卻對二十世紀中國戲劇演出與觀賞的主流——戲曲視而不見。這種現象的背後，正顯示出「戲劇」定義的話語權長期被話劇（尤其是現實主義〔寫實主義〕的話劇）所壟斷，就連當代戲曲也在時代的浪潮中，其生產方式、創作演出方式，乃至美學標準，都必須向話劇靠攏。因此，當代戲曲的「戲劇真實」，可說一直處在戲曲的真實與話劇的真實兩種美學觀的拉鋸之間。

　　1954 年「戲曲的藝術改革問題座談會」召開前一個月，馬少波[21]於《戲劇報》發表〈關於京劇藝術進一步革新的商榷〉一文，揭櫫「真實」為藝術的最高原則，他認為傳統戲曲中以自報家門為代表的編劇方法，以程式為代表的表演藝術，以鑼鼓經為精髓的音樂，以及臉譜、裝扮等的舞臺美術都是「因襲舊套、脫離生活」的表現，因而提出以現實主義所主張的「從

---

21 馬少波，劇作家、戲劇理論家。1944 年 10 月寫成京劇《闖王進京》，1946 年 4 月創作話劇《太平天國》，1948 年 4 月創作京劇《關羽之死》。1949 年 6 月 26 日，他參加了周恩來主持召開的各解放區從事舊劇改革的主要黨員領導幹部座談會。他首先建議中央成立戲曲改革的領導、研究、實驗機構，開展全國範圍的戲曲改革運動，得到周恩來和全體與會者的贊同。歷任文化部第一屆黨組成員、戲曲改進局黨總支書記、辦公室主任兼新戲曲書店經理，文化部戲曲改進委員會秘書長，中國戲曲研究院黨總支書記、副院長兼中國京劇團團長，中國京劇院黨委書記、副院長，中國京劇院與北方崑曲劇院聯合黨委書記等職。中華人民共和國成立之初，他協助田漢承擔起戲曲改革運動的領導重任。在主持中國京劇院工作期間，使劇院形成了全新的思想氛圍和藝術生產機制，整理、移植、改編、創作了近千個劇目，演出了一百多出新戲，有許多劇目推廣到全國。創作了現代題材京劇《白雲鄂博》，並與人合作改編或創作了京劇《白毛女》、《赤壁之戰》等。見「馬少波」條，中國京劇百科全書編輯委員會編，《中國京劇百科全書》（北京：中國大百科全書，2011 年），頁 559。

生活出發」、「在生活真實基礎上」進行藝術的創造。[22]換言之，即是借鑒西方話劇的真實美學來對傳統戲曲進行大破大立的改革。

主張戲曲進一步改革的戲曲工作者普遍同意「藝術的最高原則是真實」，然而傳統戲曲不甚合乎這個原則。在他們看來，傳統戲曲的形式和內容存在著許多「非現實主義」的成份，形式上包括劇本和表演等不符合現實主義話劇的真實，內容中有封建思想等不符合社會主義現實主義的真實標準。戲改初期的實踐是「先從內容入手，後改形式」，即所謂「先移步後換形」。[23]針對傳統戲劇本的修改和整理進行到一個階段了，自然接著是編劇方法和舞臺藝術的改革。而上述種種改革，正是朝著現實主義話劇真實美學方向的改革。

現實主義話劇的真實美學對當代戲曲發展的負面影響之一，即許多戲曲工作者分不清「生活真實」與「藝術真實」，將「生活真實」嫁接於戲曲藝術上，教條主義橫行之下，某段時期戲曲的表演程式竟成了形式主義的代名詞。

二、「社會主義現實主義」的傾向

「社會主義現實主義」傾向主要是當時社會主義政權的政治標準，並包含現實主義的真實美學。

---

22 見馬少波，〈關於京劇藝術進一步改革的商榷〉，《戲劇報》1954 年 10 期，頁 7－14。

23 見馬彥祥，〈是什麼阻礙著京劇舞臺藝術進一步的發展〉，《戲劇報》1954 年 12 期，頁 20。

先談「現實主義的真實性」。較早論述這個概念的是馬克思主義創始者之一的恩格斯（Friedrich Engels, 1820-1895）。1885 年 11 月恩格斯在給敏娜‧考茨基的信中寫道：

> 如果一部具有社會主義傾向的小說通過對現實關係的真實描寫，來打破關於這些關係的流行的傳統幻想，動搖資產階級世界的樂觀主義，不可避免地引起對於現存事物的永世長存的懷疑，那末，即使作者沒有直接提出任何解決辦法，甚至作者有時並沒有明確地表明自己的立場，但我認為這部小說也完全完成了自己的使命。[24]

如果照大多數論者強調的「對現實關係的真實描寫」，認定其為「對現實主義真實性的最基本的要求」，強調這種真實性「並不等於真實地描寫生活現象，而是要求真實地反映出現實社會中不同階層、階級、不同社會力量之間的複雜關係，並通過這種關係的揭示，展現社會的本質特徵及其發展趨勢」，[25]恩格斯所要求的「對現實關係的真實描寫」即是完成「具有社會主義傾向的小說」的「使命」的基本途徑。如果以此界定馬克思（Karl Marx, 1818-1883）和恩格斯現實主義的真實性原則，這種真實性已包含了「社會主義傾向」，或者可以說是一

24　中共中央馬克思恩格斯列寧斯大林著作編譯局編譯，〈致敏娜‧考茨基（1885 年 11 月 26 日）〉，《馬克思恩格斯全集》36 卷（北京：人民，1974 年），頁 385。

25　童慶炳，《馬克思與現代美學》（北京：高等教育，2004 年），頁 75。

種有傾向的真實。[26]簡單來說，馬克思主義創始者的現實主義論述中，已經隱含了政治標準的要求，其體現的哲學思想，為唯物主義認識論，或稱反映論，理論來源於 19 世紀的西方，哲人們認為「人類歷史是一個不斷發展、不斷進步的連續統一體，是理性的逐步顯現和一種確定的、先驗的意義不斷展開的過程。」[27]

　　「現實主義」到了蘇聯建立之後，才又加上了「社會主義」的限定，「社會主義現實主義」成為蘇聯官方認可的文藝創作方法。[28]「社會主義現實主義」顧名思義同時有著政治標準和藝術標準兩方面的要求。中國共產黨的文藝理論承襲馬列主義，「社會主義現實主義」自然也成為文藝創作和批評的最高準則，順理成章作為戲曲論爭的傾向之一。

三、「現代生活現實」的傾向

　　「現代生活現實」的傾向是「社會主義現實主義」的升級，政治標準提升至反映現代的現實。

　　為什麼本文不直接將其命名為「現代生活」的傾向，還須添入「現實」一詞？因為戲曲現代戲的「現代」不單純是時間的概念，要表現的也不只是「現代生活」。據傅謹所言，戲曲

---

26 見何風雨，〈藝術真實：從社會必然性到「新理性」——文藝理論課程改革中的馬克思恩格斯現實主義真實性原則反思〉，《欽州學院學報》2012 年 2 期，頁 1。

27 見韋華，〈一個被神化了的藝術符碼——現實主義真實性解讀〉，《齊齊哈爾大學學報（哲學社會科學版）》2002 年 5 期，頁 49。

28 請參考本論文第一章第三節。

現代戲採用的「現代題材」，大多「是指所謂的當代題材與革命歷史題材，也即基本上被局限於中國共產黨黨史與 1949 年以後的中國當代史的範圍之內。」[29]而所謂的「現實」，在當代是個具有特殊含義的詞語，它「從來不是簡單的指向一個時間範圍、一種表現內容，更不是僅僅指向藝術的表現物件，而是一個具有語境背景的概念，是一種創作上的要求，是一種明確的創作導向。」[30]以本文的角度解釋，「現實」即政治所承認的真實。

　　現實包括歷史的現實與當前的現實，而一般更看重後者。論者普遍認為只有真實地反映現實，戲曲才能發揮宣傳與教育作用，從而作用於現實。[31]依此邏輯，反映現代生活的現實方能有效作用於當前的現實。這就是政治標準必然升級至反映現代生活現實的緣由。

---

29 傅謹，〈現代戲的陷阱〉，《福建藝術》2001 年 3 期。轉引自傅謹，《二十世紀中國戲劇導論》（北京：中國社會科學，2004 年），頁 488。
30 孫紅俠，〈「現實題材」与「現實主義」──兼談現實題材戲曲創作中存在的問題〉，《上海藝術評論》2018 年 3 期，頁 33。
31 見楊惠玲，〈第十章革命古典主義：意識形態主導的戲曲觀念〉，周寧主編，《20 世紀中國戲劇理論批評史》中卷（濟南：山東教育，2013 年），頁 662－666。

第一章　從寫實主義、現實主義到社會主義現實主義

作為從左翼文藝運動到中華人民共和國成立後主導的文藝思潮與創作方法,「現實主義」源於何時何地?在歷史中大約如何發展?是何時、如何傳入中國的?中國戲劇界何時開始出現現實主義(或譯「寫實主義」)的概念?中華人民共和國成立後,作為主導文藝創作方法的「現實主義」,其內涵為何?為何它能取得主導的地位?它與此前的「寫實主義」有何不同?梳理過這些問題,我們將更能掌握緒論中筆者提出的中國大陸當代戲曲三種傾向與其中現實主義的真實美學,也更能理解下一章開始論述的六場戲曲論爭中現實主義所發揮的作用,乃至於從近代、現代到當代,文藝進展中對於「真實」的追求。

第一節　現實主義的源起

現實主義(法文:Réalisme;英文:realism。或譯為寫實主義)一詞源自西方,Réalisme 和 realism 最初在中國譯為「寫實主義」,二十世紀三十年代之後,左翼陣營逐漸以「現實主

義」的翻譯取代「寫實主義」。1949 年兩岸分治之後,中國大陸皆改用「現實主義」,台灣則繼續沿用「寫實主義」一詞。蘇聯引進的「社會主義現實主義」成為中國官方唯一認可的文藝創作與批評理論之後,「現實主義」被當成褒義詞,而「寫實主義」則是中性詞,有時也略帶貶義,將其視為與「自然主義」近似。本論文討論對象為當代中國大陸「十七年」的戲曲論爭,為行文便利,多採用「現實主義」一詞。

「現實主義」此一名詞首見於 1821 年的法國,某篇作者不詳,名為〈十九世紀的使者〉(*Mercure du Dix-neuvième Siècle*)的文章提到:「就目前文學理論的現狀來看,整個情勢的發展顯示,大家都贊成文學應該趨向於忠實的模仿由自然所提供的模型。……這種學說可以稱之為寫實主義。」[1]

類似的觀念也出現在十九世紀的法國美術界,最具代表性的人物為庫爾貝(Gustave Courbet, 1819-1877),他在 1855 年舉辦了一次歷史性的畫展,並於 1861 年在《週日郵報》(*Le Courrier du dimanche*)發表了「寫實主義宣言」。他的主張為:繪畫是一種具體的藝術,它只能呈現真實的事物,其範圍並不包括抽象的東西。此一綱領他稱之為寫實主義。[2]同一時期「現實主義」成為夏弗洛瑞(Champfleury, 1821-1889)在 1857 年所出版的書名,同時出現於 1856 年至 1857 年間的一份特殊期

---

1 見塔塔爾凱維奇(Władysław Tatarkiewicz)著,劉文潭譯,《西洋六大美學理念史》(*A History of Six [Aesthetic] Ideas*)(臺北:丹青,1987 年),頁 368。
2 同上註,頁 368-369。

刊，也以此命名。[3]

　　「現實主義」貌似近代生成的文藝思潮，但它其實是西方延續兩千多年藝術理念在近代的重新闡述，此一理念可簡單表述為：「藝術乃是實在的模仿（mimesis）。」[4]

　　「藝術乃是實在的模仿」，或簡稱「模仿說」，起源於古希臘流行的思想。蘇格拉底（Socrates, 470-399BC）承認「藝術模仿自然」，但他反對將「模仿」理解為「抄襲」；他認為藝術不應像奴隸一般地臨摹自然，而應該在自然中加以選擇，去組織成一個美的整體。由此他推論，藝術家創作出來的人物，可以比原來的真人更美。[5]

　　柏拉圖（Plato, 428?-348? BC）以為存在三個世界：理式世界、感性的現實世界和藝術世界。藝術世界來自於模仿現實世界，現實世界來自於模仿理式世界。因此藝術只是「摹本的摹本」，「影子的影子」，「和真實隔著三層」。[6]在他眼中，現實世界高於藝術世界，而理式世界更高於現實世界。[7]

　　亞里斯多德（Aristotle, 384-322 BC）批判其老師柏拉圖的「模仿說」，否定理式世界的存在，並肯定現實世界的真實。他認為藝術所模仿的，不只是現實世界的外形（現象），而是現實世界的必然性和普遍性，即現實世界的內在本質和規律。現實世界是真實的，藝術模仿現實世界的內在本質和規律，因

---

3 同上註，頁375。
4 同上註，頁359。
5 見朱光潛，《西方美學史》（北京：人民，2002年，2版），頁37。
6 參見柏拉圖（Plato）著，朱光潛譯，《柏拉圖文藝對話集》（北京：人民文學，1963年），頁67－79。
7 見朱光潛，《西方美學史》，頁44。

而可以說藝術比現實世界更加真實。[8]

亞里斯多德是古希臘美學思想的集大成者，根據俄國哲學家兼文學評論家車爾尼雪夫斯基（Nikolay Chernyshevsky, 1828-1889）的說法，亞氏的美學概念雄霸了西方二千餘年。[9]

依朱光潛所述，浪漫主義在 1830 年以後，便已過了它的鼎盛時期。現實主義隨著資產階級的掌權，登上了歷史舞臺。法英俄三國各自的第一部重要的現實主義作品都出現在十九世紀三十年代：法國是斯湯達（Stendhal, 1783-1842）的《紅與黑》，英國是狄更斯（Charles John Huffam Dickens, 1812-1870）的《匹克威克外傳》，俄國是果戈理（Nikolai Gogol, 1809-1852）的劇作《欽差大臣》。因此十九世紀三十年代可稱為「批判現實主義」的奠基時期。[10]

與此同時，現實主義美學的重要發展發生在俄國，[11]代表的思想家有別林斯基（Vissarion Belinsky, 1811-1848）和車爾尼雪夫斯基等人，他們為俄國現實主義文藝奠定了美學基礎。論及藝術與自然間的關係，別林斯基曾說：「詩是把現實作為可能性，予以創造性的再現。」[12]車爾尼雪夫斯基也曾表達過

---

8 同上註，頁 71。
9 見車爾尼雪夫斯基（Nikolay Chernyshevsky）著，繆靈珠譯，《美學論文選》（北京：人民文學，1957 年），頁 129。
10 見朱光潛，《西方美學史》，頁 712。
11 俄羅斯因蒙古與東正教等文化傳統，長久以來被西方人視為「東方」國家，這種認知一直延續到二十世紀冷戰時期以至今日。然而俄國的文藝與西方交互影響頗深，事實上已是西方文藝不可分割的一部份。
12 布爾索夫著，劉甯、劉保譯，《俄國革命民主主義者美學中的現實主義問題》（北京：中國社會科學，1980 年），頁 85。

類似看法:「藝術是自然和生活的再現。」[13]別林斯基沒用過「現實主義」這個詞,而是用了「現實的詩」、「自然派」及「自然主義」等詞,但他在十九世紀三十年代即大力提倡現實主義美學的基本原則,要求忠實地再現現實生活,達到毫無掩飾的真實性。[14]他從俄國文學乃至歐洲文學的歷史發展之中,在論著裡總結了文學藝術的現實主義美學原則,其中包括:真實性、典型性、民族性(人民性)與完整性。[15]車爾尼雪夫斯基在美學上最大的成就,就是提出關於美的三大命題和關於藝術作用的三大命題。這些命題「把長期由黑格爾派客觀唯心主義統治的美學移置到唯物主義的基礎上,從而替現實主義文藝奠定了理論基礎。」[16]在美的定義中,他不但肯定美與現實生活的連繫,還肯定了美離不開人的理想,自然美也不能離開人類生活而有獨立的意義。在關於藝術作用的命題中,他不但肯定現實生活是藝術的泉源,也肯定了藝術家在詮釋生活和評斷生活時所必須發揮的主觀能動性。[17]

在十九世紀五十年代,如開頭敘述,「現實主義」已經成為文藝界通行的名詞,作為一個流派運動,現實主義是由自發

---

13 車爾尼雪夫斯基著,周揚譯,〈藝術對現實的審美關係〉。轉引自伍蠡甫、蔣孔陽、秘燕生編,《西方文論選》下冊(上海:上海譯文,1988年),頁538。

14 見張玉能、陸揚、張德興等著,《西方美學通史・第五卷:十九世紀美學》(上海:上海文藝,1999年),頁328-329。

15 同上註,頁330。

16 朱光潛,《西方美學史》,頁582。另外,將哲學劃分為「唯物主義」和「唯心主義」兩個派別,這種作法在學界是有爭議的。

17 見朱光潛,《西方美學史》,頁582。

的逐漸變成自覺的。[18]這個後來被社會主義現實主義文學的奠基者、作家高爾基（Maxim Gorky, 1868-1936）稱為「批判現實主義」的文藝思潮，一直延續到十九世紀末、二十世紀初，這段時期，眾多文化人留下了他們對於現實主義、對於「寫實」的見解。如 1887 年，契訶夫（Anton Chekhov, 1860-1904）就在給阿·謝·蘇沃陵的信中，從總結自己的生活經驗和創作實踐出發，提出：「文學所以叫藝術，就是因為它按生活的本來面目描寫生活。它的任務是無條件的、直率的真實。」[19]恩格斯 1885 年 11 月 26 日在給敏娜·考茨基的信中，指出當時社會主義傾向的小說的主要任務是「對現實關係的真實描寫」。[20]1888 年 4 月初，恩格斯致瑪格麗特·哈克奈斯的信中寫道：「現實主義的意思是，除細節的真實外，還要真實地再現典型環境中的典型人物。」[21]高爾基則指出：「對於人和人的生活環境作真實的、不加粉飾的描寫的，謂之現實主義。」[22]

　　歐洲的現實主義戲劇運動來得很晚，從易卜生（Henrik Ibsen, 1828-1906）1877 年寫出第一部有關社會問題的現實主義

---

18 同上註，頁 713。
19 安東·契訶夫（Anton Chekhov）著，汝龍譯，〈致蘇沃陵〉，《契訶夫論文學》（北京：人民文學，1958 年），頁 217。
20 見中共中央馬克思恩格斯列寧斯大林著作編譯局編譯，〈致敏娜·考茨基（1885 年 11 月 26 日）〉，《馬克思恩格斯全集》36 卷，頁 385。
21 中共中央馬克思恩格斯列寧斯大林著作編譯局編譯，〈致瑪格麗特·哈克奈斯（1888 年 4 月初）〉，《馬克思恩格斯全集》37 卷（北京：人民，1971 年），頁 41。
22 馬克西姆·高爾基（Maxim Gorky）著，孟昌、曹葆華、戈寶權譯，〈談談我怎麼學習寫作〉，《論文學》（北京：人民文學，1978 年），頁 162－163。

戲劇《社會支柱》,到蕭伯納(George Bernard Shaw, 1856-1950)1906 年完成《醫生的困境》為止,只有短短的三十年,卻對後來的戲劇產生強大的影響。[23]現實主義主要的劇作家有易卜生、史特林堡(August Strindberg, 1849-1912)、契訶夫以及蕭伯納等,其劇場表演的開創者,最為知名的有薩克斯—梅寧根劇團,安托萬(Andre Antoine, 1858-1943)及其「自由劇場」,丹欽科(Vladimir Nemirovich-Danchenko, 1858-1943)、史坦尼斯拉夫斯基(Konstantin Stanislavski, 1863-1938)及其莫斯科藝術劇院發展出的表導演體系等。

　　如朱光潛等學者所言,「作為文藝的流派運動,浪漫主義和現實主義都是十八九世紀西方資本主義社會的產物,」[24]「它們所反映的都是資本主義社會的生活,就意識形態的性質來說,它們都是資產階級性的。」[25]那麼,到了二十世紀,是否有一種反映社會主義社會生活、無產階級性的現實主義呢?今天論者可能將傳入中國並生長茁壯的現實主義看作一個時代的文藝思潮,然而在朱光潛生活的年代,卻是將其視為「如實反映現實的創作方法」,這樣的現實主義成為了一種「超歷史的『創作原則』」,也就是可以套用到任何歷史時期的創作原則。[26]

---

23 見 J.L.斯泰恩(J.L.Styan)著,周誠等譯,《現代戲劇的理論與實踐》(*Modern Drama In Theory and Practice*)1 冊(北京:中國戲劇,1986 年),頁 2。

24 朱光潛,《西方美學史》,頁 704。

25 同上註,頁 721。

26 見楊春時主編,《中國現代文學思潮史》(南京:南京大學,2011 年),頁 744－745。

　　然而，現實主義缺乏一個固定不變的概念，因為不管是「什麼是『符合現實』？」，或是「什麼是『現實』？」，並非都有清晰無誤的定義。[27]菲力浦・拉夫(Philip Rahv, 1908-1973)注意到，「如果不認為現實當然如此」就不可能運用現實主義方法。──而這恰恰是當今的藝術家所不願承認的，「他們使現實本身產生了疑問。」[28]「現實主義」一詞逐漸取代「藝術模仿實在」之後的一百多年，與「模仿說」同樣產生了大量的歧義。[29]因為此一詞語的夾纏不清，韋勒克（René Wellek, 1903-1995）在其著作《批評的概念》論述現實主義的一文中，故意避開了他所謂的「有關藝術同現實關係的整個基本的認識論問題」，實際上只對這個詞語的歷史回顧了一番。[30]

　　現實主義本身也存在著矛盾。韋勒克認為：「從理論上說，完全真實地再現現實將會排除任何種類的社會目的和社會主張。而顯然，現實主義的理論困難，它的矛盾性，恰恰就在這裡。」[31]真實客觀地再現生活，實踐上往往力有未逮，彷彿追求一個永遠不可能實現的目標。而文藝本是藝術家從自我出發的虛構創作，要如何排除主觀因素，「真實地」、「忠實地」表現現實？如韋勒克所言，「排除任何種類的社會目的或宣傳意

---

27 見塔塔爾凱維奇著，劉文潭譯，《西洋六大美學理念史》，頁376。
28 喬治・貝克爾，《現代文學現實主義文獻》（普林斯頓，1963年），頁589。轉引自達米安・格蘭特（Damian Grant）著，周發祥譯，《現實主義》（*Realism*）（北京：崑崙，1989年），頁6。
29 見塔塔爾凱維奇著，劉文潭譯，《西洋六大美學理念史》，頁375。
30 達米安・格蘭特著，周發祥譯，《現實主義》，頁4−5。
31 勒內・韋勒克（René Wellek），羅鋼、王馨鉢、楊德友譯，《批評的諸種概念》（*Concepts of Criticism*）（上海：上海人民，2015年），頁228。

圖」，豈不是必須同時排除藝術家的自我主觀？

第二節　現實主義的引進與發展

依現有的資料而論，最早在中國提出「寫實主義」概念的，應是梁啟超於 1902 年 11 月 14 日發表於《新小說》創刊號的〈論小說與群治之關係〉一文。王向遠等學者認為，梁啟超借用了日本學者從西方的 real 及 realism 翻譯過來的漢字詞彙，[32]「寫實」、「寫實主義」這兩個詞在明治二十年代（十九世紀八十年代）前後的日本已經常使用。[33]當時梁啟超並未特地解釋寫實主義的定義及性質，而是對眾人「何以嗜他書不如嗜小說」提出疑問，並作出兩點解釋：

> 凡人之性，常非能以現境界而自滿足者也。而此蠢蠢軀殼，其所能觸能受之境界，又頑狹短局而至有限也。故常欲於其直接以觸以受之外，而間接有所觸有所受，所謂身外之身，世界外之世界也。此等識想，不獨利根眾生有之，即鈍根眾生亦有焉。而導其根器，使日趨於鈍，日趨於利者，其力量無大於小說。小說者，常導人遊於

---

32 見王向遠，〈中國早期寫實主義文學的起源、演變與近代日本的寫實主義〉，《中國文化研究》1995 年 4 期，頁 109。

33 見中村光夫和田中保隆分別為《新潮日本文學小辭典》（新潮社，昭和43 年版）、《日本近代文學大辭典》（講談社，昭和 52 年版）撰寫的「寫實主義」詞條。轉引自王向遠，〈中國早期寫實主義文學的起源、演變與近代日本的寫實主義〉，《中國文化研究》1995 年 4 期，頁 109、114。

他境界，而變換其常觸常受之空氣者也。此其一。

人之恆情，於其所懷抱之想像，所經閱之境界，往往有
行之不知，習矣不察者；無論為哀為樂，為怨為怒，為
戀為駭，為憂為慚，常若知其然而不知其所以然。欲摹
寫其情狀，而心不能自喻，口不能自宣，筆不能自傳。
有人焉，和盤托出，澈底而發露之，則拍案叫絕曰：「善
哉善哉！如是如是！」所謂「夫子言之，於我心有戚戚
焉」，感人之深莫此為甚。此其二。[34]

梁啟超接著歸納：前者說法，為「理想派小說」；後者說
法，為「寫實派小說」。然而，梁啟超並非從創作者及文本的
角度出發，而是從讀者審美心理的角度來對小說的流派分類。
前者可以使人超越時空的限制，「遊於他境界，而變換其常觸
常受之空氣」，所以稱為「理想派小說」；後者能使讀者「心不
能自喻，口不能自宣，筆不能自傳」的情狀，經由創作者「和
盤托出，澈底而發露之」，「於我心有戚戚焉」，所以稱為「寫
實派小說」。[35]因此，梁啟超所謂的「寫實派」，與後世通用的
「寫實主義」或「現實主義」，仍有一大段距離。

值得一提的是，與晚清民初號召改革小說、詩歌的知識分
子相同，梁啟超所謂的「小說」並非僅對應於小說文體，也包
括戲曲以及其他通俗敘事文學，甚至是源起於西方的話劇。〈論
小說與群治之關係〉一文中，就將《水滸傳》、《紅樓夢》和戲

---

34 梁啟超，〈小說與群治之關係〉，郭紹虞、羅根澤主編，《中國近代文
　　論選》（北京：人民文學，1981 年），頁 157－158。
35 同上註。

曲《西廂記》、《桃花扇》相提並論。

梁啟超引進之後,「寫實」一詞便在中國流行起來,如王國維 1908 年在《人間詞話》第二條也有「有造境,有寫境,此理想與寫實二派之所由分」[36]的說法。直到 1914 年,成之(呂思勉)在《中華小說報》發表了〈小說叢話〉一文,其中論述才比較接近我們認知的西方寫實主義概念:

> 小說自其所載事蹟之虛實言之,可別為寫實主義及理想主義二者。寫實主義者,事本實有,不藉虛構,筆之於書,以傳其真,或略加以潤飾考訂,遂成絕妙之小說者也……此種著錄,以其事出天然,竟可作歷史讀,較之意造之小說,實更為可貴。但必實有其事而後作,不能強為耳。[37]

此文中列出的「事本實有」、「不藉虛構」、「事出天然」及「可作歷史讀」等特點,已經與西方寫實主義所要求的原則與標準相去不遠了。

提起「寫實」,可能是清末民初的中國人,第一眼觀看西洋戲劇得到的概括印象。較早一批親眼觀看過西洋戲劇的中國人,即清末遊歷西洋的知識分子,包括官員與留學生等,當其首次接觸異文化的戲劇演出,感官接收到的,通常是與戲曲舞臺大不相同,近似生活真實的佈景、服裝、道具等。如應傳教士之邀漫遊西歐的王韜所記:「其所演或稱述古事,或作神仙

---

36 王國維,《王國維論學集》(北京:中國社會科學,1997 年),頁 319。
37 成之,〈小說叢話〉,陳平原編,《二十世紀中國小說理論資料》(北京:北京大學,1997 年),頁 445。

鬼佛形,奇詭恍惚,不可思議。山水樓閣,雖屬圖繪,而頃刻
間千變萬狀,幾乎逼真。」[38]於甲午戰爭期間出使俄國的王之
春則記述其劇場演出:「衣裝隨時變換,皆鮮豔奪目,每更一
齣,則以布遮之。及復開而場中陳設並異,油畫山水幾於逼真,
遠望直若重巖疊嶂,有類數十里之遙者。若設為市鎮,則衢巷
紛歧,儼然五都之市,康莊旁達也。」[39]不但提及服裝、佈景,
還注意到西洋戲劇換幕的習慣。出使歐美考察的戴鴻慈則將逼
真肖似當作西方戲劇的優點:「西劇之長,在畫圖點綴,樓臺
深邃,頃刻組成。且天氣陰晴,細微畢達。令觀者若身歷其境,
疑非人間,嘆觀止矣。」[40]曾留學日本的健鶴,於清末戲曲改
良運動期間,則鼓吹這種寫實戲劇的社會功用:「演劇必如何
而始有價值乎?則描摹舊世界之種種腐敗,般般醜惡,而破壞
之;攝印新世界之重重華嚴,色色文明,而鼓吹之是也……自
今以往,必也一一寫真,──紀實。」[41]

　　戲劇領域中較早提到「寫實主義」的,是當時就讀於南開
學校(中學)的周恩來。1916 年,南開學校校長張伯苓的胞弟
張彭春從美國留學歸來,講授莎士比亞(William Shakespeare,
1564-1616)戲劇作品,系統地介紹西方戲劇歷史源流。周恩來
受此影響,當張彭春受歐美影響創作的獨幕二景劇《醒》公演
前,周恩來即於校刊《校風》中熱情宣傳:「歐美現代所時行

---

38 王韜,《漫遊隨錄》(長沙:岳麓書社,1985 年),頁 89。
39 王之春,《使俄草》,沈雲龍主編,《近代中國史料叢刊》7 輯,67 冊,
　　(臺北:文海,1972 年),頁 203。
40 戴鴻慈,《出使九國日記》(長沙:岳麓書社,1986 年),頁 358。
41 健鶴,〈改良戲劇之計畫〉,《警鐘日報》,1904 年 5 月 31 日,2 版、
　　6 月 1 日,2 版。

之寫實劇，Realism 將傳佈於吾校。」[42]

　　周恩來的〈吾校新劇觀〉一文，最早發表於南開學校的校刊《校風》1916 年 9 月第 38 與 39 期，文中介紹了歐美戲劇經歷的三大思潮：古典主義、浪漫主義與寫實主義，並著重介紹了「現代寫實劇」：

> 現代寫實劇者，乃最近七八十年之戲曲，其意在不加修飾而有自然實際及客觀之趣味。此種劇旨，更為銳進而成空前之發達。惟現代寫實劇時代，發生二大潮流：其一表現極端之理想主義，其二偏於極端之寫實主義。[43]

　　周恩來此文介紹歐美戲劇潮流，雖有疏漏和認識不夠全面的問題，然而值得注意的，是他對於寫實主義戲劇的提倡，以及「改良社會」的遠大抱負。他認為，新劇可以「感昏瞶」、「化愚頑」，「開民智，進民德」，使「神州古國，或竟一躍列強國之林」。並斷言南開的新劇，「於種類上已占其悲劇感動劇位置，於潮流中已占有寫實劇中之寫實主義。」[44]

　　真正使寫實主義成為中國學界和文藝界廣泛運用的概念，則有賴於陳獨秀 1917 年為聲援胡適〈文學改良芻議〉所發表的〈文學革命論〉一文，其高舉「文學革命軍」的大旗：

42　周恩來，〈校聞·新劇籌備〉，《校風》38 期，1916 年 9 月 18 日。轉引自焦尚志，《中國現代戲劇美學思想發展史》（北京：東方，1995 年），頁 32。

43　周恩來，〈吾校新劇觀〉，《校風》39 期，1916 年 9 月 25 日。轉引自焦尚志，《中國現代戲劇美學思想發展史》，頁 32－33。

44　見周恩來，〈吾校新劇觀〉，《校風》38 期，1916 年 9 月 18 日。轉引自焦尚志，《中國現代戲劇美學思想發展史》，頁 33。

旗上大書特書吾革命軍三大主義：曰，推倒雕琢的阿諛
的貴族文學，建設平易的抒情的國民文學；曰，推倒陳
腐的鋪張的古典文學，建設新鮮的立誠的寫實文學；
曰，推倒迂晦的艱澀的山林文學，建設明瞭的通俗的社
會文學。[45]

雖然在此之前，陳獨秀已在〈今日之教育方針〉和〈現代
歐洲文藝史譚〉兩篇文章中提到寫實主義，然而論其影響力及
轟動程度，還是〈文學革命論〉更勝一籌。自此之後，陳獨秀
「三大主義」的主張，為新文化運動推波助瀾，「寫實主義」
文藝思潮也從此在中國站穩腳跟。而中國戲劇界中寫實主義的
開始廣泛流行，同樣也可歸因於「新青年派」的大力提倡。

魯迅在 1908 年，於〈摩羅詩力說〉及〈文化偏至論〉兩
篇文章中評介了易卜生之後，1918 年《新青年》「易卜生號」
（第 4 卷第 6 號）出版，新文化運動戰將們，大力推崇易卜生
為代表的所謂「社會問題劇」，如胡適指出：「易卜生的文學，
易卜生的人生觀，只是一個寫實主義。」[46]其實易卜生的劇作
風格不能用「寫實主義」一言以蔽之，甚至當時新文化運動者
以為的「社會問題劇」實用傾向，也不是易卜生創作的原意。

五四運動之後，「寫實主義」一方面提供新文藝工作者一
個關照社會現實的視角，即從十九世紀西方「批判現實主義」
延續的批判傳統，另一方面卻也令他們隱隱感到不滿，客觀冷
靜地揭露社會弊病已經不能完全滿足他們，他們更需要的是救

---

45 陳獨秀，《陳獨秀著作選》（上海：上海人民，1993 年），頁 260。
46 胡適，〈易卜生主義〉，《新青年》4 卷 6 號（1918, 6），頁 490。

治國家社會的良方。

　　正是在這種普遍的心理影響下,「寫實主義」此一翻譯名詞,後來逐漸被「現實主義」替換,尤其是在左翼陣營。[47]從1925年五卅運動開始,直到1927年的中國國民黨「清黨」[48]、國共分裂,五四開始的「寫實主義」文藝思潮,逐步轉變為革命的、無產階級的、社會主義的文藝思潮。[49]

　　1926年郭沫若在〈文藝家的覺悟〉一文中即表示:「我們現在所需要的文藝是站在第四階級說話的文藝,這種文藝在形式上是現實主義的,在內容上是社會主義的。」[50]郭沫若用了「現實主義」一詞,而非「寫實主義」,用詞上有跟之前五四的「寫實主義」劃清界線的意思。

　　二十世紀三十年代之後,1930年成立了中國左翼作家聯盟(簡稱「左聯」)和中國左翼劇團聯盟,1931年成立中國左翼戲劇家聯盟(簡稱「劇聯」),進入了左翼戲劇運動的年代,「現實主義」一詞的使用頻率越來越高。

　　1927年四一二事件後,中國共產黨受到重挫,但包括左翼戲劇運動在內的左翼文藝卻反而如野火燎原般愈演愈烈,二十年代末至三十年代的現實主義文藝思潮發展大致為:1928—

---

47 1949年之後,中國大陸皆改用「現實主義」,台灣則繼續沿用「寫實主義」一詞。

48 1927年的第一期清黨,中國共產黨稱之為「四一二反革命政變」。

49 見盧洪濤,《中國現代文學思潮史論》(北京:中國社會科學,2005年),頁49-50。

50 郭沫若,〈文藝家的覺悟〉,《洪水》半月刊2卷16期,1926年5月1日。轉引自楊春時,《中國現代文學思潮史》(南京:南京大學,2011年),頁744。

1930 年從日本引進的左翼理論家藏原惟人的「新寫實主義」(又稱「普羅列塔利亞寫實主義」、「無產階級寫實主義」),1931—1933 年提倡蘇聯「拉普」[51]的「唯物辯證法創作方法」,1933 年以後則是提倡蘇聯共產黨中央認可的「社會主義現實主義」。[52]

第三節 「社會主義現實主義」與
其後的發展

　　馬克思主義的創始者馬克思和恩格斯,都曾論述過文藝中現實主義的真實性問題,除了本章第一節提過恩格斯的兩封信對於現實主義真實性的論述之外,最為著名的就是他們要「莎士比亞化」不要「席勒式」的美學主張。

　　1859 年,馬克思針對拉薩爾 (Ferdinand Lassalle, 1825-1864) 的歷史劇《弗蘭茨‧馮‧濟金根》(*Franz von Sickingen*),批評他的創作不從客觀的現實生活出發,而從主觀觀念出發,使得劇中主角變成某種抽象觀念的化身:「這樣,你就得更加莎士比亞化,而我認為,你的最大缺點就是席勒式

---

51 拉普 (РАПП,全稱 Российская ассоциация пролетарских писателей),是二十世紀二十至三十年代初蘇聯最大的文學團體「俄羅斯無產階級作家聯合會」俄文縮寫 РАПП 的音譯。

52 見孫慶升,《中國現代戲劇思潮史》(北京:北京大學,1994 年),頁239。

地把個人變成時代精神的單純的傳聲筒。」[53]同時，恩格斯也致信拉薩爾，向他指出：「我認為，我們不應該為了觀念的東西而忘掉現實主義的東西，為了席勒而忘掉莎士比亞。」[54]恩格斯還希望拉薩爾學習莎士比亞對現實關係的真實描寫，未來能透過筆下人物的行動，而不是偏離劇情的說教與辯論，來傳達作品的思想。

馬克思和恩格斯雖然有許多馬克思主義文藝理論的論述，但從來沒發明出一種專屬馬克思主義的「文藝創作方法」，這種官方認可創作方法的出現，要等到蘇聯成立的十多年後。

作為一種藝術創作方法與思潮流派，「社會主義現實主義」一詞最早出現於 1932 年，[55]而在 1934 年第一次蘇聯作家代表大會通過的〈蘇聯作家協會章程〉中作了具體表述：

> 社會主義的現實主義，作為蘇聯文學與蘇聯文學批評的基本方法，要求藝術家從現實的革命發展中真實地、歷史地和具體地去描寫現實。同時藝術描寫的真實性和歷史具體性必須與用社會主義精神從思想上改造和教育勞動人民的任務結合起來。社會主義的現實主義保證藝

---

53 中共中央馬克思恩格斯列寧斯大林著作編譯局編譯，〈馬克思致斐迪南‧拉薩爾（4 月 19 日）〉，《馬克思恩格斯全集》29 卷（北京：人民，1972 年），頁 574。

54 中共中央馬克思恩格斯列寧斯大林著作編譯局編譯，〈恩格斯致斐迪南‧拉薩爾（5 月 18 日）〉，《馬克思恩格斯全集》29 卷，頁 585。

55 葉水夫主編，《蘇聯文學史》1 卷（北京：中國社會科學，1994 年），頁 12。

術創作有特殊的可能性去表現創造的主動性，選擇各種
各樣的形式、風格和體裁。[56]

社會主義現實主義的重點在於「必須與用社會主義精神從
思想上改造和教育勞動人民的任務結合起來」，也就是說，「藝
術描寫的真實性和歷史具體性」必須以完成政治思想任務為前
提，[57]也就是關於藝術的工具論。

1933 年初，左翼期刊《藝術新聞》根據日本作家上田進的
文章提供的消息，刊出一篇短文，介紹了蘇聯社會主義現實主
義。之後又有幾篇關於社會主義現實主義的論文譯介進來，但
幾乎沒引起什麼迴響。[58]真正比較系統介紹社會主義現實主義
理論的，還要從 1933 年 11 月，周揚[59]在《現代》第 4 卷第 1
期發表的〈關於「社會主義的現實主義與革命的浪漫主義」

---

56 曹葆華等譯，〈蘇聯作家協會章程〉，《蘇聯文學藝術問題》（北京：
  人民文學，1953 年），頁 13。
57 見李運摶，《現代中國文學思潮新論》（桂林：廣西師範大學，2011 年），
  頁 46。
58 溫儒敏，《新文學現實主義的演變》（北京：北京大學，1988 年），頁
  138。
59 周揚，文藝理論家、文學翻譯家、文藝活動家、30 年代以後中國共產黨
  在文藝領域的主要負責人之一。原名周起應。1931 年從日本留學回國，
  次年加入中國左翼作家聯盟後成為「左聯」的實際領導人。1937 年到延
  安，先後擔任陝甘寧邊區教育廳長、文藝界抗敵協會、魯迅藝術學院院長、
  延安大學校長等。寫有大量文藝評論、馬克思列寧主義文藝理論文章。中
  華人民共和國成立後，文化部副部長，中共中央宣傳部副部長，中國文
  聯副主席、主席，中國作家協會副主席，中國社會科學院副院長，全國政
  協常委中共中央候補委員、中央委員等。見「周揚」條，張品興、殷登祥
  等主編，《中華當代文化名人大辭典》（北京：中國廣播電視，1992 年），
  頁 76。

——「唯物辯證法的創作方法」之否定〉[60]一文算起。這篇文章發表後影響極大，標誌著蘇聯的社會主義現實主義匯入並開始左右中國的現實主義思潮。[61]

　　對於周揚發表〈關於「社會主義的現實主義與革命的浪漫主義」〉的時間前後，現實主義理論的發展，溫儒敏提出兩個觀點來審視：一是關於典型理論的探討；二是對浪漫主義的重新評價。[62]從第一個觀點來看，1931 年底至 1932 年初，恩格斯致瑪·哈克奈斯、保·恩斯特及敏·考茨基的三封信，首次在蘇聯《文學遺產》雜誌譯載，引起蘇聯文學界對於現實主義典型問題的高度重視。加上後來瞿秋白和周揚對恩格斯致瑪·哈克奈斯的信的介紹，以及三十年代中期關於典型的論戰，使得中國現實主義的「典型論」開始生根發芽。其次，二十年代末「革命文學」初興之時，浪漫主義就處於被貶抑的地位。1931年至 1932 年間，左翼作家聯盟受到「拉普」影響，採用「唯物辯證法創作方法」，批判和糾正「革命的浪漫諦克」傾向，也就是提倡現實主義，反對浪漫主義。等到蘇聯提出社會主義現實主義，批判「拉普」 的「唯物辯證法創作方法」，並將浪漫主義視為構成社會主義現實主義的一部分，左翼作家勢必也得重估浪漫主義的價值。[63]

　　據陳順馨的歸納，社會主義現實主義創作方法的特徵或原

60　此文收錄於周揚，《周揚文集》1 卷（北京：人民文學，1984 年），頁
　　101－114。
61　見溫儒敏，《新文學現實主義的演變》（北京：北京大學，1988 年），
　　頁 138。
62　同上註，頁 141－148。
63　同上註，頁 144－147。

則，大致可分成兩方面：

> 一方面是藝術性的或美學的，主要從作為藝術方法的現
> 實主義派生出來，包括真實性、主客觀性、典型性等問
> 題；另一方面是政治性的，主要從社會主義這種意識形
> 態對文學的要求引申出來，如有傾向性的浪漫主義色
> 彩、人民性、黨性、歷史性等。這兩方面的特徵又是互
> 相糾纏在一起的，例如典型的英雄人物形象的創造不僅
> 涉及審美的考慮，也有階級意識或本質的問題；人民性
> 包含文學的改造和教育功能，也涉及人物形象的典型性
> 問題。[64]

社會主義現實主義引進中國後，雖然成了一個相當響亮的
理論概念，但最初沒有得到廣泛的應用，[65]左翼的文藝工作者
也沒有明確地把「社會主義現實主義」作為自己的口號與旗幟。
比如 1942 年時，毛澤東〈在延安文藝座談會上的講話〉中關
於創作方法的說法是：「我們是主張無產階級的現實主義的。」
[66]周揚在他的文章和講話中，則常使用「革命的現實主義」、「新
的革命的現實主義」等概念。

1949 年 7 月，第一次中華全國文學藝術工作者代表大會
（簡稱「第一次文代會」）於北平（北京）召開，確立了〈在

---

64 陳順馨，《社會主義現實主義理論在中國的接受與轉化》（合肥：安徽
   教育，2000 年），頁 43。
65 陳曉明，《中國當代文學主潮》（北京：北京大學，2009 年），頁 78。
66 根據 1943 年 4 月 19 日刊登在《解放日報》的版本。轉引自汪介之，〈「社
   會主義現實主義」在中國的理論行程〉，《南京師範大學文學院學報》2012
   年 1 期，頁 146。

延安文藝座談會上的講話〉作為當代中國文藝的新方向。[67]1953
年，中國學習蘇聯實施「第一個五年計劃」，開始了「社會主
義建設和社會主義改造」階段。這一年 1 月 11 日，《人民日報》
轉載周揚為蘇聯《旗幟》雜誌撰寫的專文〈社會主義現實主義
——中國文學前進的道路〉，該文宣稱「社會主義現實主義，
現在已成為全世界一切進步作家的旗幟，中國人民的文學正是
在這個旗幟之下前進。正如中國新民主主義革命是無產階級社
會主義世界革命的組成部分一樣，中國人民的文學也是世界社
會主義現實主義文學的組成部分。」[68]同年 9 月至 10 月，中國
文學藝術工作者第二次代表大會（簡稱「第二次文代會」）上，
茅盾和周揚的報告中，才正式確認社會主義現實主義為文藝界
創作和批評的最高準則。[69]

直到 1954 年《毛澤東選集》第 3 卷首次出版發行時，收
錄書中的〈在延安文藝座談會上的講話〉裡的「我們是主張無
產階級的現實主義的」這句話，才改為「我們是主張社會主義
的現實主義的」。此後在中國大陸出版的毛澤東著作的各種版
本，凡收錄這篇講話的，都依此修改後的文字印行。[70]在此之
前，馮雪峰於《文藝報》1953 年 1 期的社論〈克服文藝的落後

---

67 見洪子誠，《中國當代文學史》（修訂版）（北京：北京大學，2007 年，
   2 版），頁 15。

68 周揚，〈社會主義現實主義——中國文學前進的道路〉，原載蘇聯《旗
   幟》1952 年 12 月，《人民日報》1953 年 1 月 11 日轉載。引自周揚，《周
   揚文集》2 卷（北京：人民文學，1985 年），頁 182。

69 包忠文主編，《當代中國文藝理論史》（南京：江蘇教育，1998 年），
   頁 75。

70 見汪介之，〈「社會主義現實主義」在中國的理論行程〉，《南京師範
   大學文學院學報》2012 年 1 期，頁 148。

現象，高度地反映偉大的現實〉中，已明確肯定：「無產階級的現實主義就是社會主義現實主義。」[71]至此，「社會主義現實主義」已被正式確立為中國文藝的創作方法和原則，進而鞏固其不可動搖的地位。

蘇聯領導人斯大林（Joseph Stalin, 1878-1953）於 1953 年的過世，帶來蘇聯思想的解放和文藝的「解凍」，1954 年 12 月召開的第二次全蘇作家代表大會上，不但修改了蘇聯作家協會章程中關於社會主義現實主義二十年不變的定義，不再提倡藝術的真實描寫和思想政治教育任務的結合，還批判了現實生活「無衝突論」，也不再贊成塑造完美無缺的理想化英雄人物。[72]1956 年蘇共二十大的召開和赫魯曉夫（Nikita Khrushchev, 1894-1971）的秘密報告，更是衝擊了全世界的社會主義國家。然而，中國政府不為所動，仍舊沒有放棄社會主義現實主義，甚至在中蘇關係公開破裂後依然堅守立場，並反過頭來指責蘇聯的「修正主義」。

1958 年 3 月，大躍進運動的背景下，毛澤東在成都會議上指示搜集民歌，並對詩歌的發展發表意見：「中國詩的出路，第一條是民歌，第二條是古典，」「形式是民歌，內容應是現實主義和浪漫主義對立的統一。太現實了就不能寫詩了。」講話當時沒有公開。[73]4 月時，郭沫若在《文藝報》上稱頌毛澤東的詞〈蝶戀花〉「正是革命的現實主義與革命的浪漫主義的

---

71 馮雪峰，《雪峰文集》（北京：人民文學，1983 年），頁 476－477。
72 見李運摶，《現代中國文學思潮新論》，頁 51－52。
73 見包忠文主編，《當代中國文藝理論史》，頁 92。

典型的結合」。[74]同年 6 月，周揚在《紅旗》雜誌發表文章，傳達了毛澤東對文藝創作方法的新觀點：「毛澤東同志提倡我們的文學應當是革命的現實主義和革命的浪漫主義的結合。」[75]

1960 年，在中國大陸批判蘇聯修正主義與中蘇關係惡化的情勢下，7 月召開了第三次文代會，大會上高度讚揚了革命的現實主義和革命的浪漫主義的「兩結合」。除了郭沫若的大會開幕詞明確提到：「我們應該掌握毛主席所提出的革命的現實主義和革命的浪漫主義相結合的藝術方法，努力表現我們偉大的英雄時代，」[76]茅盾和周揚的報告中也做了詳盡的闡述，[77]如周揚在大會報告中說：

> 二十多年前，蘇聯共產黨和以高爾基為首的蘇聯文藝界根據蘇聯文學發展的經驗，提出了社會主義現實主義的口號，這個口號得到全世界革命作家的贊同。近年來，修正主義者拼命攻擊社會主義現實主義，其目的就是誹謗社會主義文學的偉大成就，攻擊社會主義制度，企圖把社會主義作家拉到資產階級的道路上去。他們以「寫真實」為藉口來反對文學藝術用社會主義精神教育人民的崇高任務。我國秦兆陽就是這樣。而一些革命精神衰

---

74 〈郭沫若同志答《文藝報》問〉，《文藝報》1958 年 7 期。轉引自陳順馨，《社會主義現實主義理論在中國的接受與轉化》，頁 325。
75 周揚，〈新民歌開拓了詩歌的新道路〉，《紅旗》1958 年 1 期。轉引自《周揚文集》3 卷（北京：人民文學，1990 年），頁 5。
76 郭沫若，〈中國文學藝術工作者第三次代表大會開幕詞〉，《山東文學》1960 年 9 期。轉引自李運摶，《現代中國文學思潮新論》，頁 53。
77 見李運摶，《現代中國文學思潮新論》，頁 53。

退或者革命意志不堅定的作家也接受了這種修正主義
思潮的影響。他們在社會主義現實生活中專門尋找陰暗
的角落和歷史的垃圾,看不見社會主義現實的光輝整體
和更光輝的共產主義前途。我們主張文藝應當表現革命
發展中的現實和對於更美好未來的理想,把革命現實主
義和革命浪漫主義結合起來,這就正是對於修正主義者
的進攻的一個有力回答。[78]

周揚在報告中刻意將修正主義定義為對社會主義現實主
義的背叛,並把「兩結合」說成是反擊修正主義者的有力武器。
陳順馨指出,用「兩結合」來取代「社會主義現實主義」,只
是換湯不換藥:

對於蘇聯二十多年以前已經提出的社會主義現實主義
應包括對美好未來的理想的憧憬的革命浪漫主義特
質,和第三次蘇聯作家代表大會恢復了社會主義現實主
義定義原來的面貌,周揚則避而不談。事實上,周揚闡
釋革命現實主義和革命浪漫主義相結合的論點和論
據,跟他以前闡釋社會主義現實主義時差不多,例如英
雄人物的塑造、世界觀、現實與理想的關係等問題。[79]

---

78 周揚,〈我國社會主義文學藝術的道路——1960 年 7 月 22 日在中國文
學藝術工作者第三次代表大會上的報告〉,《戲劇報》1960 年 Z1 期(14
－15 期合訂本),頁 19－20。
79 陳順馨,《社會主義現實主義理論在中國的接受與轉化》,頁 335。

一般學者同意，雖然以革命現實主義和革命浪漫主義的「兩結合」取代了「社會主義現實主義」，但「兩結合」和「社會主義現實主義」的內在精神是一致的，「好像只是社會主義現實主義的具體的或另一種解釋。而在理論批評實踐中，二者也經常互相替換。」[80]李運摶也指出：「事實上社會主義現實主義創作早已大量存在意識形態化的『革命浪漫主義』，提出『兩結合』只不過更利於鼓吹『大躍進』。」[81]

此後，社會主義現實主義雖然改頭換面，「現實主義」一詞卻一直沿用至今日。改革開放之後，現實主義產生了更為寬廣紛雜的定義。回頭去看「社會主義現實主義」，似乎它專屬於上世紀五十年代，或可將其定為五十年代至七十年代，那段中華人民共和國建立後仍然革命的時期。但與現實主義定義紛雜的情況相同，仍有學者寧願暫時不作明確的定義，如陳曉明認為：「在中國，社會主義現實主義從來就沒有明確的定義，與現實主義、革命現實主義也沒有明確的分界，它的意思似乎表明，社會主義時代的現實主義就都是『社會主義現實主義』。」[82]

小　結

從十九世紀現實主義發源自西方開始，就夾帶著社會改革

---

80 陳曉明，《中國當代文學主潮》，頁 80。
81 李運摶，《現代中國文學思潮新論》，頁 55。
82 陳曉明，《中國當代文學主潮》，頁 80。

的意識，這也是後來將十九世紀的現實主義稱為「批判現實主義」的緣由。此一文藝思潮傳入中國後，在五四運動時期《新青年》宣揚「寫實主義」，其用意即是延續「批判現實主義」的精神，揭露社會黑暗面，促成國家社會的改革。然而經過數年後，曝露社會弊病的「寫實主義」已經無法滿足進步青年，他們更需要積極救治國家社會的良方，正因為如此，左翼團體中「寫實主義」逐漸被「現實主義」取代。「現實主義」的翻譯原本就有馬克思主義文藝學的意涵，[83]更標誌著政治介入文藝創作與批評的領域。從「無產階級寫實主義」、「唯物辯證法創作方法」到「社會主義現實主義」，從中華人民共和國成立前的左翼文藝運動到建國後「十七年」的文藝政策，文藝創作與批評的準則不管改換何種名稱，基本維持文藝從屬於政治的格局，關於戲曲的文化政策，也大致如此，圍繞著當代戲曲展開論爭的美學追求與政治趨動力，亦可窺知一二。

---

[83] 見楊慧，〈瞿秋白對現實主義的正名和對自然主義的批評——從《「現實」》的中俄文文本對勘說起〉，《中國現代文學研究叢刊》2009 年 2 期，頁 83。

第二章　反歷史主義（神話劇）論爭：現實主義真實的創作方法

　　當代新戲曲創作及改編的「反歷史主義」傾向由來已久，早在戲曲改革運動初期便已見端倪。1950 年 7 月，中國文化部邀請戲曲界的代表人物、新文藝界的戲劇專家和文化部戲曲改革工作的負責幹部，共同組成「文化部戲曲改進委員會」。[1]作為戲曲改革工作的最高顧問性質的機構，委員會首次會議就歷史劇改編問題提出以下意見：「歷史劇應真實地反映歷史真實，不應將歷史人物『現代化』，將歷史事蹟與現代中國人民的鬥爭事蹟作不適當的類比。」「對中國歷史上的英雄人物，應根據他們在當時歷史條件下所具有的進步性，人民性和高尚的民族品質，予以應有的評價。」[2]1951 年 5 月 5 日，中國政務院根據戲改得到的經驗和教訓，頒布了〈關於戲曲改革工作的指示〉，明確指出：「在工作中亦存在若干缺點，最主要的是審定劇目缺乏統一標準，與編改劇本工作中還有某些反歷史主義的、

1　見張庚主編，《當代中國戲曲》（北京：當代中國，1994 年），頁 25。
2　新華社，〈中央文化部組成戲曲改進委員會〉，《戲曲報》1950 年 3 期，頁 232。轉引自俞佩淋，〈論 20 世紀 50 年代初歷史劇大討論〉，《西安電子科技大學學報（社會科學版）》2007 年第 4 期，頁 92。

公式主義的傾向。」「在修改舊有劇本時,應注意不違背歷史的真實與對人民的教育的效果。」[3]

1951 年的下半年,艾青[4]、馬少波、阿甲[5]、何其芳[6]、張光

---

3 周恩來,〈中央人民政府政務院關於戲曲改革工作的指示〉,《人民日報》,1951 年 5 月 7 日,1 版。

4 艾青,詩人。1929 年赴法勤工儉學,學繪畫,兼寫詩歌。1932 年回國後,參加中國左翼美術家聯盟。後從事詩歌創作。抗日戰爭後,加入中華全國文藝界抗敵協會。1941 年到延安,次年參加了延安文藝座談會。曾任魯迅文學藝術學院教員,《詩刊》(延安版)主編,華北文藝工作團團長,華北聯合大學文藝學院副院長等。中華人民共和國成立後,歷任全國文聯委員,中國作家協會理事、副主席,《人民文學》副主編,中國美術家協會理事,六屆全國人大常委會委員,五屆全國政協委員。見「艾青」條,張品興、殷登祥等主編,《中華當代文化名人大辭典》(北京:中國廣播電視,1992 年),頁 17。

5 阿甲,京劇導演、理論家。原名符律衡。1939 年,延安魯迅藝術文學院成立平劇團,任團長,從事京劇編導和研究工作。1941 年加入中國共產黨。1942 年平劇研究團與戰鬥平劇社合併,成立延安平劇研究院,任該院研究室主任。中華人民共和國成立後,歷任中央人民政府文化部戲曲改進局藝術處研究室主任,中國戲曲研究院研究室主任,中國京劇院總導演、副院長、名譽院長,中國戲劇家協會副主席。相繼參加了現代戲《白毛女》、《洪湖赤衛隊》、《柯山紅日》等劇的導演工作。1964 年,他導演並參加改編現代京劇《紅燈記》。著有《戲曲表演論集》、《戲曲表演規律再探》等戲曲理論文集。見「阿甲」條,中國京劇百科全書編輯委員會編,《中國京劇百科全書》,頁 1。

6 何其芳,詩人、文學評論家。1938 年夏到延安,在魯迅藝術學院任教,同年加入中國共產黨。後任魯藝文學系主任。歷任四川省委委員、宣傳部副部長,《新華日報》社副社長等職。中華人民共和國成立後,歷任中國文學藝術界聯合會委員、中國作家協會理事和書記處書記,中國社會科學院文學研究所所長等職。著有:詩集《預言》、《夜歌和白天的歌》等,文藝論文集《關於現實主義》、《論〈紅樓夢〉》、《關於寫詩和讀詩》、《文學藝術的春天》等。見「何其芳」條,張品興、殷登祥等主編,《中華當代文化名人大辭典》,頁 53。

年[7]（筆名光未然）及許多讀者，先後撰文或去函於《人民日報》等報刊雜誌，公開批評《信陵公子》、《新天河配》、《新大名府》、《新白兔記》等歷史劇和神話劇的「反歷史主義」傾向。同年10月，《新戲曲》二卷五期開了「牛郎織女問題討論特輯」專欄，討論神話劇《新天河配》的改編和演出問題，並批評時任文化部戲改局副局長的楊紹萱[8]在該劇創作上的「反歷史主義」傾向。[9]同年11月，楊紹萱激烈批駁艾青的文章與書信在《人民日報》刊登之後，遂正式引發了一場長達一年的反歷史主義論爭（或稱神話劇論爭）。

---

7 張光年，詩人、文學評論家、文藝活動家。1927年加入中國共產主義青年團。1939年率抗敵演劇第三隊赴延安。中華人民共和國成立後，歷任中國文字改革委員會理事，中國作家協會副主席、黨組書記，文化部藝術事業管理局副局長，中央戲劇學院教務長，中國劇協常務理事兼秘書長、書記處書記。曾主編《劇本》、《文藝報》、《人民文學》。主要著作有：歌詞《黃河大合唱》，詩集《五月的鮮花》；論文集《戲劇的現實主義問題》等。見「張光年」條，張品興、殷登祥等主編，《中華當代文化名人大辭典》，頁58。

8 楊紹萱，京劇作家、戲曲理論家、史學家。曾任北平師範學校校長、天津法商學院教授、北平中國文學教授等職。1939年到延安，歷任馬列學院編輯委員、延安平劇研究院院長、中央法律委員會委員等職。中華人民共和國成立後，曾任文化部戲曲改進局副局長、《新戲曲》雜誌編委，是早期戲曲改革運動的領導人之一。曾編寫《新大名府》、《新白兔記》、《新天河配》等京劇劇本，內容多借古喻今，比附現實。見「楊紹萱」條，中國京劇百科全書編輯委員會編，《中國京劇百科全書》（北京：中國大百科全書，2011年），頁942。

9 見張煉紅，〈「戲」說革命：「反歷史主義」戲改傾向及其文藝闡釋系統再考察〉，《社會科學》2013年10期，頁179。

第一節 新戲曲的「歷史眞實」與「歷史主義」

戲曲改革運動的健將馬少波，曾於 1951 年 2 月《新戲曲》的〈戲曲的歷史真實與現實影響〉一文中提到新戲曲中「歷史真實」的適用範圍：「寫歷史題材或傳說題材的戲曲，必須以歷史唯物主義的觀點，分析與反映人民歷史。廣義的說，只要它具有一定的時代意義，縱然在歷史上並不是實有其人，而其意義倒是出於社會歷史，符合歷史真實情況的，都應算作是歷史性的戲曲。」[10]這段話相當程度解釋了，為何古代神話和傳說改編的新戲曲會和「歷史」沾上邊，為何戲改過程中會將《野豬林》和《楊門女將》等傳說、演義改編的京劇，甚至是神怪內容的《白蛇傳》等，稱之為「新編歷史劇」。[11]當然我們也可以從恩格斯 1888 年寫給瑪格麗特・哈克奈斯的信裡，找到將文藝作品視為歷史的源由。這封信中恩格斯指出，巴爾扎克（Honoré de Balzac, 1799-1850）「是比過去、現在和未來的一切左拉都要偉大得多的現實主義大師」：

---

10 馬少波，〈戲曲的歷史真實與現實影響〉，《新戲曲》1951 年 2 月。轉引自馬少波，《戲曲改革論集》（上海：新文藝，1953 年），頁 38。
11 孫玫指出，1949 年以後新編的古裝戲「不宜稱之為歷史劇」，「因為這些戲的題材通常是取自演義、傳說等而非是來自史實」。參見孫玫，《中國戲曲跨文化再研究》，頁 122。

> 他在《人間喜劇》裡給我們提供了一部法國「社會」特別是巴黎「上流社會」的卓越的現實主義歷史……在這幅中心圖畫的四周，他彙集了法國社會的全部歷史，我從這裡，甚至在經濟細節方面（如革命以後動產和不動產的重新分配）所學到的東西，也要比從當時所有職業的歷史學家、經濟學家和統計學家那裡學到的全部東西還要多。[12]

　　也就是說，以恩格斯的觀點，一部成功的現實主義小說可以反映歷史的現實，表現出「歷史真實」。

　　馬少波所謂的「歷史性的戲曲」、「有關歷史的戲曲」，甚至在文章中簡稱為「歷史戲曲」，確實有詞義含混之嫌，然而其用意在於採取「歷史主義」的觀點，藉著戲曲此一媒介，來將所謂「歷史真實」與今天的現實，聯繫與統一起來。[13]他引用田漢 1950 年在全國戲曲工作會議上的報告來說明：「我們說把歷史還給歷史，不是為歷史而歷史。我們表現歷史現實為的是教育、鼓舞後代兒女，歷史劇與當前現實鬥爭之間，必有有機聯繫，譬如江河萬古巨流不可截斷，不能孤立。」[14]也就是說，「歷史真實」影響著當前現實鬥爭。

12　中共中央馬克思恩格斯列寧斯大林著作編譯局編譯，《馬克思恩格斯全集》37 卷，頁 41－42。

13　見馬少波，〈戲曲的歷史真實與現實影響〉，《戲曲改革論集》，頁 39。

14　田漢，〈為愛國主義的人民新戲曲而奮鬥——一九五〇年十二月一日在全國戲曲工作會議上的報告〉，《人民戲劇》2 卷 6 期（1951 年 3 月），轉引自田漢，《田漢全集》17 卷（石家莊：花山文藝，2000 年），頁 186。

何謂「歷史主義」？田漢這段在全國戲曲工作會議報告中的話可作為註解：

> 我們今天的任務便是要從過去封建統治階級蒙蔽歪曲
> 之下，恢復歷史的本來面目，找到歷史舞臺上真正的主
> 人。用歷史唯物主義的觀點反映歷史真實、傳達歷史教
> 訓、表揚歷史上英雄人物在當時歷史條件下所具有的進
> 步性、人民性和高尚民族品質，以教育和鼓舞後代兒
> 女。[15]

何謂「歷史真實」？就是「歷史舞臺上真正的主人」──（勞動）人民的歷史。「歷史性的戲曲」必須呈現的，即是把過去對歷史的看法翻轉過來，重新以（勞動）人民的觀點來解釋和闡述歷史。馬少波也是如此表述：「有關歷史的戲曲，應當著重表現歷史真實和表揚歷史的真正主人──勞動人民的創造和鬥爭，把戲曲中顛倒了、歪曲了的歷史部分糾正過來。」[16]正呼應了毛澤東於 1944 年 1 月 9 日觀賞中國共產黨中央黨校俱樂部的業餘組織「大眾藝術研究社」（而非延安平劇院）自發編演的京劇《逼上梁山》之後，[17]寫給該劇編導楊紹萱、齊燕銘的信中所言：「歷史是人民創造的，但在舊戲舞臺上（在一切離開人民的舊文學舊藝術上），人民卻成了渣滓，由老爺太太少爺小姐們統治著舞臺，這種歷史的顛倒，現在由你們再

---

15 田漢，《田漢全集》17 卷，頁 185。
16 馬少波，〈戲曲的歷史真實與現實影響〉，《戲曲改革論集》，頁 38。
17 金紫光，〈毛主席關於《逼上梁山》的信必須恢復原貌〉，《人民戲劇》
　　1978 年 12 期，頁 4。

顛倒過來，恢復了歷史的面目，從此舊劇開了新生面，所以值得慶賀。」[18]

《逼上梁山》的劇情取材自《水滸傳》中的林沖故事，並非史書上記載的歷史，毛澤東卻將其視為歷史，其邏輯可由馬少波對於「歷史性的戲曲」的解釋中看出。周雲龍指出，在這封書信中，「毛澤東的評論無意中把戲曲歷史劇的『歷史』外延擴大到無邊，似乎所有戲曲扮演的『非現代』故事都可以視為『歷史』」；而毛澤東對於戲曲的批判與期望，「暗示了『歷史』不過是一種『故事』（敘事），其『面目』可以在不同的言說主體之間發生變化。」[19]就這個層面來看，「反歷史主義者」借用了毛澤東文藝思想中「歷史面目」可以「顛倒」的觀念。[20]

第二節　現實主義的教條化與濫用

1951 年 8 月 31 日，詩人艾青發表〈談《牛郎織女》〉一文，自述看了建國後「牛郎織女」的幾種演出及出版的劇本和故事，發現「借神話影射現實，結合目前國內外形勢，土地改革，反

---

18 毛澤東，〈給楊紹萱、齊燕銘的信（一九四四年一月九日）〉，中共中央文獻研究室編，《毛澤東文集》3 卷（北京：人民，1996 年），頁 88。

19 周雲龍，〈第十三章「築就我們的國家」：新中國戲劇批評的主要問題〉，周寧主編，《20 世紀中國戲劇理論批評史》下卷（濟南：山東教育，2013 年），頁 916－917。

20 同上註，頁 923。

惡霸鬥爭，鎮壓反革命，抗美援朝[21]，保衛世界和平等等」[22]這一類數目最多，比如：

> 武漢出版的凌鶴、葉江的《七巧姻緣》寫的完全是人間的事，雖曾一夢到天上，所見也是地上的熟人；最後鬥倒了王大戶，牛郎織女團圓。「華東人民戲曲叢書」有兩種關於這個題材的劇本：徐進的越劇《牛郎織女》，寫明朝的故事，以農民起義為結尾。墨遺萍的蒲戲《乞巧圖》，也完全寫人間的事，以暴動為結尾。「民間通俗讀物」中，姚昕的《牛郎織女》，散文體裁，寫漢朝黃巾起義時的故事，以群眾公審金羅漢為結尾。[23]

又如無錫「大眾京劇社」演出的《牛郎織女》，這齣戲已經找不到原有神話的線索，情節「完全成了另外一個東西了」：

> 鄭裡老人是真理老人：他的大算盤可以算出「過去未來」，乃是根據了科學法則；他在山上煮爐修煉的是鐮刀斧頭；他教牛郎織女勞動，送給他們工具，宣傳勞動創造世界；還用耕牛象徵拖拉機、耕鵲代表和平鳥等，將社會發展史的學習，治螟運動，反對美帝侵略、土地

---

21 本文作者註，「抗美援朝」即發生於 1950 至 1953 年之間的朝鮮戰爭。「土地改革」、「鎮壓反革命」和「抗美援朝」並稱為中華人民共和國成立初期的「三大運動」。見陶厚勇，〈三大運動中中共對於民主黨派統戰工作的思想與實踐〉，《福建省社會主義學院學報》2009 年 6 期，頁 34。
22 艾青，〈談《牛郎織女》〉，《人民日報》，1951 年 8 月 31 日，3 版。
23 同上註。

改革宣傳這許多內容，都縫在裡面了。在手法上則頗有模仿蘇聯電影《寶盒仙笛》之處。有一場舞蹈還採用了「紅軍舞」的步姿。

戲裡的綠葉島和紅雲島，又象徵台灣、朝鮮。魔王則是杜魯門。魔王治下的神仙譚格（原形臭蟲）是坦克、費志（原形貓頭鷹）是飛機、郝約（原形火箭）是火藥、杜崇（原形毒蟲）是瘟疫、黃寶（原形元寶）是金元，裴能是原子彈、麻歲（原形毒蛇）是教育、胡眉（原形狐狸）是外交。這些神仙們飽食終日，優哉遊哉。終於在勞動人民的團結、覺醒和反抗下，全部消滅。[24]

而在楊紹萱的劇本（筆者註：《新天河配》）裡，

老黃牛竟唱了魯迅的詩「橫眉冷對千夫指，俯首甘為孺子牛」；當村民趕走長老時說「你那老一套，現在用不著」，「你這個老迷信，現在要打倒」之類的話；劇情裡，也貫穿了和平鴿和鴟鴞之爭，用以影射目前的國際關係，最後是以「牛郎放牛在山坡，織女手巧能穿梭，織就天羅和地網，捉住鴟鴞得平和」為結尾。[25]

以上提到的各種劇本和故事，艾青批評其「把原來的神話傳說一腳踢開，完全憑各人自己的構思能力來重新創造……十分生硬地摻雜了許多現代人的觀念和現代人的語言，發一些驚

---

24 同上註。
25 同上註。

人的議論，」[26]頗以為此風不可長。

艾青在文章中提醒文藝工作者改編神話傳說時要注意：一，「嚴肅的對待民間傳說，盡可能地保留原有傳說中美麗的情節，不要破壞神話的純樸的想像。」因為，「愛惜我們民族的民間傳說，愛惜長期流傳在人民群眾中的神話，是我們愛國主義精神的表現，也是一種群眾觀點。」二，「改寫的時候必須把主題思想明確起來，把勞動、愛情、反封建這三種基本的觀念強調起來。把牛郎和織女回復到勞動人民的本來面目。」許多對神話的改編，如將牛郎寫得像書生，將織女描寫成大家閨秀，是在歪曲勞動人民的形象。三，「神話雖然根據現實產生，但它並不完全是現實，它比現實賦有更多想像，假如把這些想像抽掉，或是不適當地強調現實，都會喪失神話的純樸和天真的美。」艾青批評，一些改編者「杜撰許多情節，把這些情節生硬地摻和在裡面，使原有神話的線索完全模糊了，他們喜歡借任何一個人物的嘴，來發表一些危言聳聽的所謂『哲理』。」四，「反對完全不根據歷史事實和原有傳說的情節，隨便加以牽強附會的許多所謂『暗喻』。」[27]

艾青的四點提醒，其中第一和第二點的意思，是說對待神話傳說的態度，攸關是否站在人民群眾的立場；第三和第四點，則是反對在改編神話劇時胡亂編造現代的情節、強加政治的隱喻和宣傳。

艾青的〈談《牛郎織女》〉一文刊登後，楊紹萱仗著自己

---

26 同上註。
27 同上註。

位高權重，其參與創作的《逼上梁山》又得過毛澤東的高度評價，此次改編創作《新天河配》更有著占據政治立場制高點的自信，遂接連寫了三封信給《人民日報》，信中強烈反對艾青的觀點，並要求《人民日報》徹底檢討。而 11 月 3 日《人民日報》刊出楊紹萱的〈論「為文學而文學、為藝術而藝術」的危害性──評艾青的《談〈牛郎織女〉》〉一文及三封信的同時，也在編者按語中表明：「我們認為楊紹萱同志的基本觀點和態度都是有錯誤的。」[28]

楊紹萱的文章中，開頭便指控艾青「為文學而文學、為藝術而藝術」，換言之，也就是指控他的文藝思想沒有站在無產階級立場，而是站在封建統治階級和資產階級的立場。接著，以六點意見反擊了艾青：

一，「文藝運動和戲曲改革運動是以無產階級為領導的廣大人民的文化革命的一個組成部分」，剛開始的作品自然是幼稚和簡陋，但「我們自己的工作是從這種所謂『幼稚』『簡陋』的基礎上求進步」。二，艾青表面上是保衛「美麗的神話」而反對「宰割」，不許「借神話影射現實」，而實際上不許「影射反帝國主義」。並舉出毛澤東以「愚公移山」的神話來影射現實的例子。三，艾青對於神話有「任意宰割的野蠻行為」，並把神話中原有的階級鬥爭給模糊了。四，艾青模糊了原來神話的線索，模糊了神話的意義；對於神話故事沒有經過科學的分析，可說是「為神話而神話」。五，以「推陳出新」的方針執

---

28 楊紹萱，〈論「為文學而文學、為藝術而藝術」的危害性──評艾青的《談〈牛郎織女〉》〉，《人民日報》，1951 年 11 月 3 日，3 版。

行戲曲改革工作，產生我們這時代的新故事新劇本，必然「成了另外一個東西」。六、艾青的文藝評論「找不出一條夠得上科學的分析，找不出一條建設性的具體意見，充滿全文的是個人的偏愛偏憎」，沒有「歷史唯物論和辯證唯物論的武裝」，也不「傾聽群眾的意見」，顯現了「為文學而文學，為藝術而藝術」的危害性，「它很會迷糊人的眼睛以至改變人的立場的，打擊了革命而便宜了敵人。」[29]

　　第五點中，對於艾青批評許多戲改後版本的《牛郎織女》「找不到原有神話的線索，完全成了另外一個東西了」，楊紹萱強硬回擊，一口承認：「我們就是要成為『另外一個東西』的。」依他的邏輯，「推陳出新」就是對舊故事和舊劇本進行再創造，使其成為「教育廣大人民的重要武器」：

> 在這裡談談為什麼必然成為「另外一個東西」？我們要執行政務院〈關於戲曲改革工作的指示〉，要做到「人民戲曲是以民主精神與愛國精神教育廣大人民的重要武器」，要想完成這個任務，就必須通過歷史唯物論和辯證唯物論，對於舊故事舊劇本施以科學地分析和適當地批判，然後產生我們這時代的新故事新劇本，也就是艾青所說的「成了另外一個東西」。當有新的思想內容在裡邊活動的時候，內容決定形式，內容發展則形式自起變化……這是我們戲曲改革工作的方針—推陳出新。[30]

---

29 同上註。
30 同上註。

由此可見，楊紹萱對其戲劇創作模式深具信心，他將戲曲當成武器，借神話劇和歷史劇來影射現實，影射階級鬥爭，影射反帝國主義自是理所當然。

第三節　「歷史主義者」的歷史真實與藝術真實

楊紹萱的文章在《人民日報》登出之後，文化界的當權者包括馬少波、阿甲、張光年、陳湧、何其芳等人紛紛撰文，批判他反歷史主義的戲曲創作傾向、錯誤的理論觀點和對批評者「扣帽子、打棍子的極『左』的論辯態度」。[31]

馬少波於 1951 年年初已指出：「反歷史主義是作者憑著主觀感情，不恰當的強調戲曲對於今天現實直接的積極作用，因而不尊重歷史條件，歪曲歷史真實，將歷史人物現代化，把歷史事蹟與現代人民革命鬥爭的事蹟作不適當的類比。」[32]反歷史主義現象早已泛濫成災，引起文化界高層的注意。與當時其他人的劇目相比，楊紹萱的反歷史主義不是最嚴重的，其劇作《新天河配》中，「利用這一神話故事影射現實政治的離譜程度，也未必都比一些地方劇團的演繹更嚴重，而赤裸裸地將歷

31　田本相主編，劉方正著，《中國戲劇論辯》下冊（戲曲部分）（南昌：百花洲文藝，2007 年），頁 678。
32　馬少波，〈戲曲的歷史真實與現實影響〉，《戲曲改革論集》，頁 39。

史貼附於現實的創作模式,正是那個時代相當普遍的現象。」[33]然而,楊紹萱會成為眾矢之的,「可能是由於他在面對《人民日報》載文批評時的過於強硬的態度,由於他曾經是毛澤東表揚過的『舊劇革命的劃時期的開端』《逼上梁山》的主要編劇,因此他在面對艾青的批評文章時多少有些以戲改掌門人的身份自居而不容他人置喙的自負。」[34]如此盛氣凌人的態度很可能激怒了他的同行,因而招來眾人的文章批判。

詩人與文藝理論家何其芳嚴厲指責,楊紹萱「在思想方法上存在著濃厚的主觀主義,表現在創作方法上則成為公式主義。這種主觀主義公式主義使他寫出某些帶有反歷史主義色彩的劇本,並且嚴重到公然讚揚許多鼓吹封建奴隸道德的舊戲。」並批評楊紹萱的創作方法:「他不是用毛澤東同志所提倡的實事求是的態度去研究歷史和傳說,從它們裡面找出其固有的而不是臆造的意義來,而是用他腦子裡面的幾個為數甚少的概念來簡單地以至牽強附會地解釋它們。」他的許多劇本和論文「是用『民族戰爭』、『階級鬥爭』、『歷史性』、『階級性』、『群眾性』等這樣一些概念組織起來的,有些時候簡直成了概念遊戲。」[35]

何其芳將楊紹萱定性為「主觀主義公式主義」,指責他「硬

33 傅謹,《20世紀中國戲劇史》下冊(北京:中國社會科學,2017年),頁84。

34 傅謹,《20世紀中國戲劇史》下冊,頁84。

35 何其芳,〈反對戲曲改革中的主觀主義公式主義〉,《人民戲劇》3卷8期。轉引自《何其芳全集》3卷(石家莊:河北人民,2000年),頁177－182。

要把《大名府》和《白兔記》的故事加上民族戰爭的內容，硬要把盧俊義和劉知遠寫成富有民族思想，」[36]他點出：「要寫出一個真正好的歷史劇，更不僅要在根本之處符合歷史科學，而且還要使它成為一個動人的藝術品。這樣，就必須有個性很鮮明的典型人物，能夠吸引人的生活內容，優美的結構和語言。」不然，即使這部戲的政治立場是正確的，也仍然是馬克思所批評的「把個人作為時代精神的單純號筒的席勒主義」，違反了其強調的「必須莎士比亞化」。[37]

張光年（筆名光未然）批評，楊紹萱創作的《愚公移山》和《新天河配》都號稱要「反映中國社會發展史」，特別要反映「勞動工具對於人民生活的決定作用」，但他以為楊的看法和做法都是不妥當的：

> 第一、楊紹萱同志孤立地抓住了「勞動工具對於人類生活的決定作用」這一原理，機械地運用到對於原始的神話故事的解釋與處理上，給一切神話的內容都尋找直接的經濟的原因，牽強附會地證明「鐵器發明後移山有了可能性」，或老牛破車的特殊妙用，這是對馬克思主義歷史科學任意的玩弄。……

> 第二、如果要替神話、傳說或歷史故事（它們是上層建築之一的文學藝術的組成部分）的內容尋找經濟的原因的話，那也決不是如楊紹萱同志所理解的那樣簡單，好

---

36 同上註，頁 180。
37 同上註，頁 187。

像「勞動工具對生活的決定作用」（譬如說，對神話、傳說中主人公的思想感情及其故事進程的決定作用）是直接地、自動地進行的。……楊紹萱同志對於生產工具、生產手段的偶像崇拜，表面看來，仿佛是「唯物」的觀點，實際是走到唯心的方面去了。

第三、由於楊紹萱同志沒有正確地運用辯證唯物論與歷史唯物論的科學觀點當做觀察社會生活和處理文藝題材的指導原則，而要在文學藝術甚至神話劇中直接地、生硬地反映他的社會發展史的「科學內容」，為此不惜牽強附會、削足適履以適合他的主觀要求，這就達到了對馬克思主義歷史科學的嚴重的誤解！[38]

為了利用神話和歷史影射現實，是否「可以不管歷史上的時代性」問題，張光年堅持，「『歷史上的時代性』是不能不管的，基本的歷史真實是不能違背的。」他認為古代神話並不適合用來比附今天的現實：「我們這個偉大時代的抗美援朝、保衛世界和平的真理，決不是『牛郎織女』之類的神話所能『反映』得了的；」強行「反映」和「影射」的惡果便是「既違背了古代的歷史真實，也違背了今天的生活真實；既不能正確地反映今天，也不能正確地反映過去，因此就會降低了人民戲曲的教育的效果。」[39]

---

38 張光年，〈歷史唯物論與歷史劇、神話劇問題──評楊紹萱同志反歷史主義的傾向〉，《人民戲劇》3 卷 8 期。轉引自張光年，《戲劇的現實主義問題》（北京：中國戲劇，1957 年），頁 5－7。

39 張光年，《戲劇的現實主義問題》，頁 7－9。

阿甲認為「必須學習以歷史唯物主義的觀點，來分析歷史，分析歷史人物」，但不同意「強使歷史人物具有毛澤東時代的思想觀點」。他指責楊紹萱創作的《新大名府》「將北宋與金人的民族戰爭和大名府與梁山泊人民的階級鬥爭結合在一起」，並且把「梁山泊瓦解大名府的統治，開展統一戰線，爭取盧俊義，照顧賈氏等等都歸功於他們依靠燕青春梅的結果，意味著依靠無產階級。」他總結《新大名府》的創作方法，「是把古代人當作現代人來寫，不是用馬列主義的觀點來批判歷史。它刻劃著這樣一套模型：開展統一戰線；反對專制獨裁；依靠無產階級；打倒帝國主義。」[40]

前一章提過，1859 年馬克思在〈致斐·拉薩爾〉的信中提出的，要「莎士比亞化」不要「席勒式」的著名主張，以及恩格斯對於拉薩爾「為了觀念的東西而忘掉現實主義的東西，為了席勒（Friedrich Schiller, 1759-1805）而忘掉莎士比亞」的批評，是理解馬克思主義文藝理論中「現實主義的真實性」原則的重要文獻。1885 年 11 月恩格斯給敏娜·考茨基的信中，對考茨基的小說某種抽象化創作傾向提出批評，並提出了現實主義要真實地描寫現實關係。[41]又說：「我認為傾向應當從場面和情節中自然而然地流露出來，而不應當特別把它指點出來；同時我認為作家不必要把他所描寫的社會衝突的歷史的未來的

---

40 阿甲，〈評《新大名府》的反歷史主義觀點〉，《人民日報》，1951 年 11 月 9 日，3 版。
41 見中共中央馬克思恩格斯列寧斯大林著作編譯局編譯，《馬克思恩格斯全集》36 卷，頁 385。

解決辦法硬塞給讀者。」[42]1888 年 4 月初恩格斯給瑪格麗特‧哈克奈斯的信中也說：「作者的見解愈隱蔽，對藝術作品來說就愈好。」[43]

然而，中華人民共和國成立後的文藝界長期誤將「現實主義的真實性」原則的基本內涵理解為「本質真實」，[44]作為文藝美學原則的「本質真實」在實踐上造成了有害的影響：

> 首先，把表現客觀本質作為文藝創作的中心內容和最高目標，忽視現實生活的整體性和複雜性，排除作者的情感活動和主觀傾向，按照一種為本質而創造形象的方法進行創作，必然產生大量公式化、概念化的反真實作品；其次，為了達到表現「本質」的目的，不得不割裂現實，拼湊現象，導致「惡劣的個性化」和自然主義的「模仿」；而且它混淆了藝術與科學在內容和功用上的區別，不利於藝術按照自身規律正常地發展。[45]

在文化界高層批評的字裡行間，楊紹萱「反歷史主義」的創作正好違反了馬克思主義文藝理論，將馬列主義和毛澤東思想公式化、概念化地運用於戲曲創作中，不但沒做到「真實地描寫現實關係」，而且創作者的傾向表露無遺，大大降低了作品的藝術價值，同時棄「歷史真實」和「藝術真實」於不顧。

---

42 同上註。

43 中共中央馬克思恩格斯列寧斯大林著作編譯局編譯，《馬克思恩格斯全集》37 卷，頁 41。

44 見白雪塵，〈「現實主義的真實性」與「本質真實」〉，《天津大學學報（社會科學版）》2006 年 4 期，頁 277－280。

45 同上註，頁 279－280。

從另一個角度來看，楊紹萱也是誤解「現實主義的真實性」原則的受害者。

關於文藝創作中是否應該「影射」的問題，何其芳表達得較為含蓄：「在反動統治階級的壓迫之下，『影射』的手法並非絕對不能用。然而，一般地說來，『影射』並非文藝創作中很正常的手法。」「如果是勉強的不自然的『影射』，那更會直接破壞文藝的效果。」[46] 言外之意，在新政權成立後，文藝與權力的關係必須從諷喻批判轉為歌頌服務，有如批判現實主義轉變為社會主義現實主義。馬少波則毫不客氣地指斥了楊紹萱將神話現代化、用神話來影射現實的主張。他提到，「有的同志這樣說：『以歷史影射現代有什麼不可以呢？魯迅先生的《故事新編》、郭沫若先生的《屈原》不都是影射現代的嗎？』」然而他反駁：「這種說法是完全錯了的，這是沒有想到魯迅先生寫《故事新編》和郭沫若先生寫《屈原》的時代是什麼時代，現在又是什麼時代！」並解釋魯迅和郭沫若藉歷史和神話傳說影射現代的原因：「他們那時處在黑暗勢力統治下面，沒有言論自由，很困難公開宣傳革命思想，顯然的，他們寫歷史故事和歷史劇本，是在當時的歷史環境中對敵作戰的方式之一。」[47]

馬少波甚至認為：「甚至過去藝人在戲曲演出中的『插科打諢』，對於時政世俗嬉笑怒罵、冷諷熱嘲，都有著一定的進步意義；但在今天，在給革命文藝家以充分民主自由，僅僅不

---

46 何其芳，《何其芳全集》3 卷，頁 188。
47 馬少波，〈嚴肅對待整理神話劇的工作──從《天河配》的改編談起〉，《人民日報》1951 年 10 月。轉引自《戲曲改革論集》，頁 72。

給反革命特務分子以民主自由的中華人民共和國,宣傳革命思想又有什麼隱晦曲折的必要呢?」事過境遷固然是反對用神話和歷史來影射現實的理由,然而就另一面來看,馬少波的用意同時也是在反對「以古喻今」,就他看來,戲改運動的重點在於發展符合新中國意識形態的現代戲,因此他要求戲曲工作者「將主要的精力集中到表現現代題材,而不要把編演神話戲作為一種逃避現實的出路。」[48]

1952 年 11 月,第一屆全國戲曲觀摩演出大會期間,周揚在題為〈改革和發展民族戲曲藝術〉的大會總結報告中,指示戲曲工作者「要用新的正確的觀點表現歷史」,他解釋這條「歷史真實」的原則(也是「藝術真實」的原則),算是以官方的身分為整場「反歷史主義論爭」定了調:

> 無論表現現代的或歷史的生活,藝術的最高原則是真實。歷史的真實不容歪曲,掩蓋或粉飾。反歷史主義者,例如楊紹萱同志,就是不懂得這條最基本的原則。他們以為為了主觀的宣傳革命的目的,就可以不顧歷史的客觀真實而任意地在杜撰和捏造歷史。他們不能區別,用現代工人階級的思想去觀察和描寫歷史,與把古代歷史上的人物描寫成現代工人階級的思想是完全兩回事。[49]

此前楊紹萱已為他的「反歷史主義傾向」付出代價,於

---

48 同上註,頁 72-73。
49 周揚,《改革和發展民族戲曲藝術——一九五二年十一月十四日在第一屆全國戲曲觀摩大會上的總結報告》,《文藝報》1952 年第 24 期。轉引自《周揚文集》2 卷,頁 177。

1952 年 9 月被解職。之後，1954 年被調往北京師範大學歷史系任教。[50]

第四節 「反歷史主義論爭」的起因與影響

《當代中國戲曲》作者之一吳乾浩認為，戲曲「反歷史主義」的產生，是「有人出於要依據歷史唯物論的觀點來處理我國的歷史劇的良好願望」，因而反歷史主義者提出：

> 一是提倡從內容到形式都能「反映中國社會發展史」的新的歷史劇。如要把愚公移山故事說成反映鐵器發明後移山有了可能性，而移山是象徵著鐵器發展後的商品流通，需要開闢商業道路；二是要以神話劇影射今天現實，提出「可以不管歷史上的時代性」，如以《新天河配》影射反映抗美援朝，保衛世界和平。[51]

王安奎（筆名王安葵、安葵）在《中國當代戲曲史》書中則認為，「反歷史主義」創作傾向的產生，有其複雜的主客觀原因，包括「急功近利的目的，對藝術功能認識的偏頗，缺乏

---

50 見傅謹，《20 世紀中國戲劇史》下冊，頁 84。
51 吳乾浩，〈第十七章 戲曲理論研究的開拓與深入〉，張庚主編，《當代中國戲曲》，頁 605。

必要的歷史修養等等。」[52]對於藝術功能的認識失之偏頗方面，即在於「不認識戲曲藝術的特點及其發揮作用的特殊途徑」[53]，將戲曲當作單純的宣傳工具，在為當時「現實」服務的同時，忽略了戲曲作為藝術所需要保障的「藝術真實」，將神話和傳說故事任意改編，致使產生荒謬突梯的觀劇效果，劇中人物既不真實，舞臺形象也就無從真實。正如張煉紅的描述：「一旦失足滑入了『戲謔』之路，非但國家意識形態所預計的『教育』作用無法達到，還會在滑稽和怪誕的舞臺氣氛中消解了政治宣傳本應具有的嚴肅與莊重，以致把正劇和悲劇統統演成了『戲說革命』的鬧劇。正所謂，『政治上無問題，教育上沒結果』。」[54]「反歷史主義者」這般「好心辦壞事」的行徑，久而久之自然要遭致權威話語的批判和糾正。

　　基於當時歷史情境，也有學者道出新戲曲「反歷史主義」傾向的不可避免。劉方正指出，1949 年新中國成立後，新的現實「鼓舞和激勵著作家們歌頌新社會、新制度，由於戲曲的創作和演出缺乏直接反映現實生活的藝術傳統，所以，通過神話故事和歷史題材的創作變相地謳歌現實的情形相當普遍。」[55]溫潘亞則解釋：「新中國的戲改工作者們急切地以『古為今用』取代『以古喻今』，其真實用意在於將戲曲中的歷史劇與權力的關係從諷喻批判轉為歌頌服務，為構建現代國家主流意識形

---

52 安葵，〈第十章 戲曲理論與批評〉，余从、王安葵主編，《中國當代戲曲史》（北京：學苑，2005 年），頁 242。

53 同上註，頁 242－243。

54 張煉紅，〈「戲」說革命──「反歷史主義」戲改傾向及其文藝闡釋系統再考察〉，《社會科學》2013 年 10 期，頁 179。

55 田本相主編，劉方正著，《中國戲劇論辯》下冊（戲曲部分），頁 685。

態服務。」[56]時代要求文藝為新的意識形態服務，「反歷史主義」的戲曲創作傾向便不可避免地發生了。

　　一些學者從這場「反歷史主義論爭」中，看出其較為正面的影響，即文藝為政治服務的大環境下，論爭的結果至少為新戲曲的藝術自治和藝術真實保留了一小塊園地。郭志剛認為，相對於對《武訓傳》的批判「強調了階級鬥爭，強調了文藝和政治的關係」，反歷史主義批評傳達出：「反對把階級鬥爭的理論與文藝和政治的關係簡單化、庸俗化，反對對古人古事採取反歷史主義和反現實主義的態度。」[57]高波和郭玉瓊也指出，「就在建國初文藝界火熱批判電影《武訓傳》的同時，戲劇界卻開展了一場反歷史主義批評，有效遏制了左傾思想的氾濫。」[58]而傅謹認為，這場討論和批判主要針對的是「作者絲毫不顧及情節和人物的內在合理性，隨意改動傳統戲劇以映射現實的急功近利的政治化傾向。」這場多位專家學者參與的論爭，「他們的批評確實構成了戲劇界的共識，至少是為 50 年代以來的戲劇政治化傾向劃定了一條底線。而這條底線的有效性，在此後的戲劇創作中一直存在著，無形中構成了阻止中國戲劇被完全政治化的一道堤防。」[59]

---

56 溫潘亞，〈「純然主觀的表現方式」與「古為今用」——對建國初戲改中「反歷史主義」創作傾向批評的重新評估〉，《江蘇社會科學》2011年 4 期，頁 151。

57 郭志剛，《中國當代文學史初稿》上冊（北京：人民文學，1980 年），頁 53。

58 高波、郭玉瓊，〈第十四章 「樣板戲」：戲劇作為一種國家藝術意識形態〉，周寧主編，《20 世紀中國戲劇理論批評史》下卷，頁 950。

59 傅謹，〈政治化、民族化與 20 世紀中國戲劇——與董健先生商榷〉，《二十世紀中國戲劇導論》，（北京：中國社會科學，2004 年），頁 72。

　　周雲龍則在這場論爭中看出「歷史主義者」對於「（人民的）歷史真實」的執念，卻沒有看穿「歷史真實」在權威話語之前，是隨時可以「顛倒」的：

> 「歷史主義」者沒有意識到「人民」與「歷史」的可改寫性，一廂情願地追尋某種本質化的「人民歷史」……「歷史主義」者所追求的「（人民）歷史面目」同樣來自毛澤東的一系列文藝思想論述，與他們所批評的「反歷史主義」的做法所借用的資源沒有本質的區別，只是前者吸納了毛澤東的「人民的歷史」思想，後者則借用了毛澤東「歷史面目」可以「顛倒」的觀念。雙方在論爭中都抓住毛澤東文藝思想中的一個方面攻擊對方，卻未能觸及對方的邏輯前提，即「歷史」的敘事性和「人民」的虛幻性，反而忽視了這些核心概念的建構特質。[60]

　　據其觀察，「歷史主義者」相信存在一種本質化的「人民歷史」、固定的「歷史真實」，然而在其後的當代戲曲史中，證明了「歷史真實」的標準隨著政治鬥爭的情勢隨時轉變，尤其在「評《海瑞罷官》事件」中，「歷史主義者」為其對於「人民歷史」的本質主義理解付出了巨大代價。[61]

　　反歷史主義論爭反映的是，1950 年代初現實主義（後改名為「社會主義現實主義」）創作方法的僵化，產生了一批只顧政治宣傳，卻絲毫不顧戲劇人物和情節是否可信的戲曲創作，

---

60 周雲龍，〈第十三章「築就我們的國家」：新中國戲劇批評的主要問題〉，周寧主編，《20 世紀中國戲劇理論批評史》下卷，頁 923。
61 同上註，頁 926－927。

戲劇表演無法取信於觀眾，自然產生不了戲劇藝術的真實。

　　社會主義文藝要求文藝工作者使用現實主義的創作方法，確實有其道理。經由細節的真實描寫，以及正確地表現出典型環境中的典型性格，如此反映現實呈現出的「真實感」，才容易使文藝欣賞者心領神會歷史的現實與當前的現實，進而指導現實、改造現實。而「反歷史主義」創作的古今混搭，荒謬劇情人物的喜鬧劇效果，卻可能使社會主義的宣傳與教育功效全失。其失之毫釐，差之千里的起因如前所述，即是將「現實主義真實」的內涵單純理解為「本質真實」，卻明顯地忽略了「細節真實」、「現實關係真實」的描寫。余从認為，「反歷史主義」傾向及其批判「說明了戲曲界第一次與庸俗社會學、庸俗階級論的交鋒，說明了有一種把『概念』或『觀念』，凌駕於藝術必須反映『生活真實』這個根本原則之上的，違反創作規律的錯誤傾向的存在。」[62]然而這種概念先行、抽象化創作傾向的根源，還是得追溯到對「現實關係真實」的偏差理解。

　　應該說，這場中華人民共和國成立後戲曲界第一次可稱為學術論辯的論爭，辯論的兩方，暫且名之為「反歷史主義者」和「歷史主義者」，其實都支持主流意識形態對於戲曲的改造，都贊成運用社會主義所認可的現實主義來創作，兩方的分歧主要在於如何改編戲曲，爭論什麼樣的改編才符合馬克思主義和毛澤東思想的文藝觀點。「歷史主義者」認同的真實是固定不變的「歷史真實」，「反歷史主義者」楊紹萱卻認為唯一真實的，

62　余从，〈第一章　綜述〉，余从、王安葵主編，《中國當代戲曲史》，頁
　　20。

就是不斷變動,「一股勁兒在那裡變」。如此,論爭的根本問題就在於歷史(神話)劇創作中的改編是否符合「歷史面目」。此一根本問題使這場論爭顯得荒謬,因為沒有人說得清真實的「歷史面目」長什麼樣。[63]

由此論爭還可以觀察到,當代戲曲表現現代生活的傾向早已有之。楊紹萱意欲藉著歷史事件和神話傳說,來和現代人民的革命鬥爭相比擬,用現代人的革命思想來武裝古人,其出發點是為了反映現代生活的現實。這個「現實」自然是社會主義解釋的現實,即「以無產階級世界觀為指導,反映無產階級革命的火熱的而又活生生的現實生活」;「把無產階級革命必然勝利當作社會生活的本質,要求文藝反映現實生活並體現出社會必然性和歷史進步性。」[64]然而楊紹萱這種不從生活出發,而從主觀觀念出發,脫離生活真實和藝術真實,把藝術變成抽象說教和唯心空想的傾向性,雖說是現實主義庸俗化、功利化理解的產物,但同樣不為文藝界當權者所喜。就實際操作的效果而言,以古喻今、古今同台,牛郎織女與鴿子、鴟鴞齊飛,大名府與梁山泊人民階級鬥爭,怪誕突梯,不一而足。在論爭中楊紹萱對信念的堅持:「你說神話不能影射現實嗎?我說能的。你說不能借神話反映抗美援朝,保衛世界和平等等嗎?我還是說能的。」[65]更是擺出一副不容他人質疑的態度。無怪乎文化

63 見周寧主編,《20 世紀中國戲劇理論批評史》下卷,頁 921－922。
64 何風雨,〈藝術真實:從社會必然性到「新理性」──文藝理論課程改革中的馬克思恩格斯現實主義真實性原則反思〉,《欽州學院學報》2012 年 2 期,頁 3。
65 楊紹萱,〈論「為文學而文學、為藝術而藝術」的危害性──評艾青的《談〈牛郎織女〉》〉,《人民日報》,1951 年 11 月 3 日,3 版。

部領導周揚批評：「反歷史主義的害處就在：它不是以真理武裝人民，而是把謊話和不倫不類的杜撰灌輸給人民；」[66]同是戲改當權派的馬少波則提出：「將主要的精力集中到表現現代題材，而不要把編演神話戲作為一種逃避現實的出路。」[67]當代戲曲的「現代生活現實」傾向，之後仍會從戲曲創作與批評，以及各場戲曲論爭之中顯露出來。

小　結

這場論爭表面上爭論的是「歷史真實」的問題，「歷史主義者」提出「歷史的真實不容歪曲，掩蓋或粉飾」，「反歷史主義者」楊紹萱卻認為「可以不管歷史上的時代性」。對現今的研究者而言，要求符合「歷史真實」只是個牽強的理由，因為歷史劇創作不可能完全依照歷史真實。這裡的「歷史真實」前面還必須冠上「人民的」或「社會主義的」加以限定，如此一來，實質的問題便成了「現實主義真實」的爭論，或「現實主義創作方法」的爭論，──「（人民的）歷史真實」應該理解為「本質真實」、「細節真實」，還是「現實關係真實」？戲曲創作和改編應該符合真實的「歷史面目」嗎？還是可以「不管歷史上的時代性」，隨意操弄神話和傳說題材，來「反映」和

---

66 周揚，〈改革和發展民族戲曲藝術──一九五二年十一月十四日在第一屆全國戲曲觀摩大會上的總結報告〉，《文藝報》1952 年 24 期。轉引自《周揚文集》2 卷，頁 178。
67 馬少波，《戲曲改革論集》，頁 72－73。

「影射」當前的現實？這些疑問沒有隨著「反歷史主義」論爭的結束而解決。

周揚在第一屆全國戲曲觀摩演出大會報告的那句「無論表現現代的或歷史的生活，藝術的最高原則是真實。歷史的真實不容歪曲，掩蓋或粉飾。」深究起來，「藝術的真實」與「歷史的真實」之間並無邏輯的必然關係，所以應該這樣理解：當年「藝術的真實」是由「歷史的真實」決定的，而所謂的歷史真實如之前所述，必須符合權威話語承認的人民歷史。也就是說，「歷史主義者」注重的歷史真實，其實質必須是符合毛澤東思想的歷史現實的真實，「歷史主義者」和「反歷史主義者」的政治立場並無不同，只不過相比之下，「歷史主義者」較為珍視藝術真實、戲劇真實、歷史現實的真實，以及現實主義創作的真實罷了。「反歷史主義者」楊紹萱將現代生活現實簡單粗暴地取代歷史現實，同時也失去了前述各種真實。「歷史主義者」不是想從根本上否定戲曲的意識形態功能，因為「中國現代歷史劇不論在戲劇觀念上還是在歷史觀念上，在起點上就都註定了現實性或強烈的意識形態屬性」[68]，只是楊紹萱等人以歪曲歷史的方式來宣傳政治思想的姿態過於笨拙，因而引起當權文藝工作者的反感，楊紹萱「他的悲劇在於他將戲曲改革作為純粹的政治運動，忽略了這個運動的意義載體」[69]。

---

[68] 周寧，〈有關歷史劇討論的討論〉，《晉陽學刊》2003 年 4 期，頁 107。

[69] 俞佩淋，〈論 20 世紀 50 年代初歷史劇大討論〉，《西安電子科技大學學報（社會科學版）》2007 年 4 期，頁 95。

第三章 「戲曲的藝術改革問題座談會」論爭：戲曲形式的現實主義改造

從 1948 年算起，歷經了約六年的戲曲改革之後，[1]中國戲劇家協會戲曲與歌劇部於 1954 年 11 至 12 月舉辦了四場「戲曲的藝術改革問題座談會」。四場座談會上，多位專家學者、編導與戲曲演員針對改革戲曲（尤其是京劇）先後發表意見，包括老舍、宋之的、吳祖光、程硯秋、丁西林、洪深、馬彥祥、張雲溪、尹羲、梅蘭芳、陳書舫、晏甬、新鳳霞、趙樹理、呂君樵、林榆、楊蘭春、喬志良、田漢、陳仲、葉盛蘭、張冶、張庚等二十三人。[2]

在這場座談會之前，時任文化部藝術事業管理局局長及中國戲劇家協會主席兼黨組書記的田漢，於 1954 年 10 月提出戲

---

1 在中華人民共和國成立之前，為改革戲曲和推進新的戲劇音樂運動，華北人民政府於 1948 年 11 月成立了華北戲劇音樂工作委員會，並根據毛澤東的意見，於 11 月 13 日在華北《人民日報》發表〈有計劃有步驟地進行舊劇改革工作〉的專論。見朱穎輝，〈第一章 「改戲、改人、改制」〉，張庚主編，《當代中國戲曲》，頁 26。

2 見〈關於戲曲的藝術改革問題〉，專欄，《戲劇報》1954 年 12 期，頁 9。該文對發言人數的統計為二十二人。

改工作報告：

> 我們的戲曲有長期的現實主義傳統，有很多優秀的東
> 西。但是，由歷史條件所造成的落後性，也是無庸諱言
> 的。例如劇本的文學水平較低，音樂和唱腔比較單調，
> 舞臺美術不夠統一諧和，表演中夾雜著非現實主義的東
> 西，導演制度很不健全，使演出往往不能形成統一的、
> 完整的綜合藝術的整體。[3]

因此，田漢主張「運用現代人的藝術經驗——包括新的文
學、戲劇、音樂、美術等各方面的進步經驗——來繼續改革它，
發掘它。」[4]

無獨有偶，戲曲改革的推動者之一、知名戲曲作家馬少波
[5]於 1954 年 10 月也在《戲劇報》發表了長文〈關於京劇藝術進
一步改革的商榷〉，文中針對編劇方法、表演藝術、導演、音
樂、舞臺美術等方面，提出京劇進一步改革的想法及一些具體
作法。

馬少波在文章開頭即強調：「我國京劇藝術有長遠的現實
主義傳統，」但京劇和其他戲曲劇種一樣，「是在封建社會中
產生成長起來的，這就決定了它存在著許多落後性，加以受過
資本主義商業化的毒害，使這種落後性更嚴重化了。」他引用

---

3 田漢，〈一年來的戲劇工作和劇協工作——一九五四年十月五日在中國文
  聯全國委員會、十月八日在劇協常務理事會上的報告〉，《戲劇報》1954
  年 10 期，頁 5。
4 同上註。
5 馬少波 1949 年任戲曲改進局黨總支書記，1951 年任中國戲曲研究院黨總
  支書記、副院長，1955 年任中國京劇院黨委書記、副院長。

周揚的話：「中國戲曲藝術在封建社會時代以京劇的發達而達到它的最高峰，從此便不向前躍進，而陷於一種相當停滯的狀態。」因此當前的任務，就是以「社會主義精神和現代的藝術經驗」，進一步改革和發展戲曲藝術。[6]反過來說，為什麼京劇等戲曲劇種需要改革？因為它們不符合社會主義新時代和現代化標準下的要求。

在論及編劇方法時，馬少波指出：「無論表現現代的或古代的生活，藝術的最高原則是真實。在編劇工作中（包括「整舊創新」），反對反歷史主義和形式主義的傾向，堅持發展現實主義傳統，永遠是我們創作的準則。」[7]

談到表演藝術，馬少波認為京劇表演的最大特色是動作的舞蹈化，這種動作是「根據現實生活中的動作加以洗鍊、集中和誇張而形成的。」京劇表演藝術的創作方法有著長遠的現實主義傳統，但是，「由於在封建社會片面地從形式上提高演技的結果，或者由於演員文化知識的局限，在某些演員中，逐漸產生了脫離生活的傾向，因而也就在表演方面產生了形式主義。」[8]所謂形式主義的表演，有以下的特徵：

> 往往不是嚴格地從人物出發，而是從行派出發；不是從內心出發，而是從技巧出發；不是從整體出發，而是從個人出發；不是從提高觀眾出發，而是從媚悅觀眾出

---

6 見馬少波，〈關於京劇藝術進一步改革的商榷〉，《戲劇報》1954 年 10 期，頁 7。

7 同上註。

8 同上註，頁 10。

發；因而往往脫離生活和人物的真實，而醉心於不必要的外形誇張，追求那些表面的虛偽的廉價的實際上是破壞劇情的「舞臺效果」。[9]

馬少波認為必須摒棄不必要的外形誇張，京劇表演需要的誇張，「必然是在生活真實的基礎上的誇張，為了達到這一目的，演員必須從人物出發，嚴格掌握表演的分寸，這就是說要忠實於生活的真實，要在生活真實的基礎上進行藝術創造和藝術的誇張。」[10]其次，「不是從整體出發，而是從個人出發」現象的存在，即「缺乏演出的整體性」，如配演演員和群眾演員鬆懈偷懶不認真做戲，或索性站在一旁看戲的情況，馬少波認為這是因為導演制度不健全，使得演出不能形成諧和完整的綜合藝術的整體。[11]

第一節　新文藝工作者與戲曲改革運動

觀察會議之前田漢和馬少波的論述與舖陳，可見戲曲的形式改革已蓄勢待發，「戲曲的藝術改革問題座談會」明顯是戲曲工作當局為了推動戲曲形式改革而舉辦的會議。與會人士之

---

9 同上註，頁 10。
10 同上註，頁 11。
11 同上註，頁 11。

中，老舍、宋之的、吳祖光、丁西林、洪深、馬彥祥、晏甬、
田漢、張庚等人有戲劇編導的經歷，與小說家趙樹理同為新文
藝工作者，尤以田漢、馬彥祥[12]及馬少波身居領導戲曲改革工
作的職位。[13]戲曲表演藝術家如程硯秋、張雲溪、梅蘭芳、呂
君樵、葉盛蘭等代表京劇界，其它幾位如尹羲（桂劇）、陳書
舫（川劇）、林榆（粵劇）、楊蘭春（豫劇）、喬志良（黃梅戲）
則代表地方戲。新文藝工作者[14]在座談會及其後的論爭中，多

---

12 馬彥祥，劇作家、戲劇導演、理論家、活動家。1925 年入上海復旦大學。
　　1932 年後相繼任天津《益世報》《語林》副刊和《戲劇與電影》週刊的
　　主編、南京國立戲劇學校專任老師。抗戰爆發後，為上海救亡演劇隊第
　　1 隊隊長。1938 年參加國民政府軍委政治部三廳藝術處，從事抗戰戲劇
　　運動。著有《戲劇概論》、《戲劇講座》、《地方戲演技溯原》等。1948
　　年任華東戲劇音樂工作委員會主任。中華人民共和國成立後，歷任文化
　　部戲曲改進局副局長、中國文聯委員、中國劇協書記處書記、副主席，
　　全國政協委員，文化部顧問。見「馬彥祥」條，張品興、殷登祥等主編，
　　《中華當代文化名人大辭典》（北京：中國廣播電視，1992 年），頁 7。
13 中華全國戲曲改革委員會於 1949 年 10 月 2 日正式成立。10 月中旬文化
　　部成立後，於 11 月 1 日改稱文化部戲曲改進局，田漢任局長，楊紹萱、
　　馬彥祥任副局長，馬少波任黨總支書記。1951 年 3 月文化部藝術局和文
　　化部戲曲改進局合併為文化部藝術事業管理局。1956 年以前，局長為田
　　漢，任副局長的先後有楊紹萱、馬彥祥、張光年、周巍峙、蔡若虹、趙
　　渢、趙鼎新、朱丹。直到「文化大革命」前，主管戲曲工作的副局長始
　　終是馬彥祥。藝術事業管理局在管理全國藝術事業的同時，也是全國戲
　　曲工作的主管部門。見「文化部戲曲改進局」條和「文化部藝術事業管
　　理局」條，中國京劇百科全書編輯委員會編，《中國京劇百科全書》（北
　　京：中國大百科全書，2011 年），頁 833－834。
14 戲曲改革工作的實際領導人與幹部多為「新文藝工作者」，「新文藝工
　　作者」指的是從事現代文藝創作的人士，現代文藝多為由西方引進（很
　　大部份是從日本和蘇聯間接引進）的文藝種類，尤以與話劇相關的編、
　　導、音、美等人才轉入戲曲工作者最多。新文藝工作者主要受「五四」
　　文化傳統的教育，而「五四」運動對民族的戲曲藝術存在著偏見。加上
　　他們又從事著「改造」人和戲的工作，很容易產生「革命者」和「改造

數贊成以「現實主義」的標準針對戲曲的形式加以改革,唯有老舍[15]和吳祖光[16]是例外;戲曲表演藝術家只有梅蘭芳較明確地指出京劇不適合按照現實生活的形式來表演,葉盛蘭則在肯定京劇向現實主義話劇學習的同時,也強調京劇須保持自身的歌舞表演形式。

老舍和吳祖光為何與其他新文藝工作者不同,傾向於保留戲曲的「寫意」表演方法,而不贊成依照「現實主義」大刀闊斧地改革?並非兩人的政治立場與當局不同,而是兩人皆自幼愛好戲曲,對於戲曲存有深厚的感情,深怕他們熱愛的藝術遭到粗暴的改革。兩人都不反對戲曲改革,老舍反對的是「粗暴」

者」的優越感,從而造成戲改工作的失誤。參見張庚主編,《當代中國戲曲》,頁 681。

15 老舍,劇作家,作家,曲藝家。滿族。原名舒慶春,字舍予。北京人。抗日戰爭爆發後,開始寫作劇本。1946 年赴美國講學並從事創作。1949 年底回到中國大陸,曾任政務院文教委員會委員、全國人大代表、全國政協常務委員、中國文聯副主席、中國作協副主席及書記處書記,北京市人民委員會委員,北京市文聯主席等職。1951 年北京市人民政府授予他「人民藝術家」稱號。創作話劇《方珍珠》、《龍鬚溝》、《茶館》、《春華秋實》等。見「老舍」條,張品興、殷登祥等主編,《中華當代文化名人大辭典》(北京:中國廣播電視,1992 年),頁 25。

16 吳祖光,劇作家。祖籍江蘇常州,生於北京。自幼愛好戲劇,曾長期觀看富連成科班演出,廣交演員。七七事變前,到南京國立戲劇學校任教,開始話劇創作,以 1942 年創作的《風雪夜歸人》最為著名。1947 年,任香港大中華影片公司導演,並編寫了《國魂》等電影劇本。1949 年任北京電影製片廠導演,導演了京劇舞臺藝術片《梅蘭芳的舞臺藝術》、《洛神》和程硯秋的《荒山淚》。1960 年起,先後在中國戲曲學校實驗京劇團、中國戲曲研究院、北京京劇院任編劇,創作與改編的京劇劇本有《武則天》、《鳳求凰》、《三打陶三春》、《三關排宴》等。見「吳祖光」條,中國京劇百科全書編輯委員會編,《中國京劇百科全書》,頁 841。

的改革，吳祖光甚至同意某些舞臺上的改革，如取消檢場。[17]但相對於吳祖光直言「我認為戲曲改革主要該是思想內容上的改革」，[18]站上第一線與之言語交鋒的馬彥祥則要求從內容到形式的全面改革，以解決「京劇的內容和形式的矛盾」。[19]

　　早在二十世紀三十年代，已有新文藝工作者將目光由話劇轉向戲曲。本來新文藝工作者受「五四」運動影響，是不碰戲曲的，直到對日抗戰開始，他們組織劇團到農村演出話劇，「觀眾說：『你們「演劇」我們看不懂，我們要看「演戲」。』新文化工作者這才開始重視戲曲，重視戲曲改革。」[20]也正是那時候開始，新文藝工作者紛紛提出改革戲曲的論述，其中最具代表性的要數張庚 1939 年發表的論文〈話劇的民族化與舊劇的現代化〉，文中提及「戲曲改革不僅涉及京劇，也涉及地方戲；不僅涉及形式，也涉及內容；而且應該把話劇的民族化與戲曲的現代化『看成一個分不開的工作的兩方面』。」[21]該文中的許多觀點成為中華人民共和國成立後戲曲改革的重要理論基礎，例如戲曲現代化的核心方針：「舊劇的現代化的中心，是去掉舊劇中根深蒂固的毒素，要完全保存了舊劇幾千年來最優美的東西，同時要把舊劇中用成了濫調的手法，重新給予新意義，成為活的。這些工作的進行，首先一定要工作者有一個進步的

---

17 吳祖光，〈談談戲曲改革的幾個實際問題〉，《戲劇報》1954 年 12 期，頁 15。
18 同上註，頁 17。
19 見馬彥祥，〈是什麼阻礙著京劇舞臺藝術進一步的發展〉，《戲劇報》1954 年 12 期，頁 20。
20 張庚，〈中國戲曲的美學特點〉，《劇本》1984 年 2 期，頁 42。
21 張之薇主編，《當代戲曲研究卷》（合肥：安徽文藝，2015 年），頁 4。

戲劇以至藝術的觀念。」[22]該文也為新文藝工作者參與戲曲改
革提供了理論基礎:「我們對舊劇的動向,今後應當密切注意,
不斷尋找最好的機會去參加他們的工作,領導他們。向他們學
習,當然是很必要的。只有向他們學習,才能深刻瞭解他們的
問題和領導他們。」[23]新文藝工作者與戲曲藝人之間既學習又
領導的關係,也在之後的戲曲改革中成為常態。

　　中華人民共和國成立直到文革之間,戲曲改革運動經歷了
從禁戲、改戲到創作現代戲的過程。中國共產黨早先意識形態
的許多組成部份如無神論、階級鬥爭學說等,與中國傳統觀念
相牴觸,不可避免地與承載中國傳統觀念的戲曲發生衝突,因
此在建政之初大規模地禁戲。然而當年的禁戲,必然影響到戲
曲藝人的生計和廣大民眾的娛樂生活,造成嚴重的社會問題。
[24]為了糾正偏差,1951 年 5 月 5 日,政務院以總理周恩來的名
義發佈了〈關於戲曲改革工作的指示〉,其中明文規定禁戲「應
由中央文化部統一處理,各地不得擅自禁演。」[25]自此之後,
戲改的重點從「禁戲」轉為「改戲」,文化部廣泛組織人力去
修改大批傳統劇目,必須修改的劇目約分為三類:一、宣揚麻
醉與恐嚇人民的封建奴隸道德與迷信者;二、宣揚淫毒奸殺者;

---

22 張庚,〈話劇的民族化與舊劇的現代化〉,《理論與現實》1 卷 3 期(1939
　　年 10 月)。轉引自安葵,《張庚評傳》(北京:文化藝術,1997 年),
　　頁 114。

23 　同上註,頁 116。

24 　見孫玫,《中國戲曲跨文化再研究》,頁 115-117。

25 周恩來,〈中央人民政府政務院關於戲曲改革工作的指示〉,《人民日
　　報》,1951 年 5 月 7 日,1 版。

三、醜化和污辱勞動人民的語言和動作。[26]「改戲」這種主要針對戲曲內容的改革，幾年後已不能滿足銳意改革的主管戲曲工作的高層，在全面學習蘇聯的現實主義和史坦尼斯拉夫斯基戲劇體系的背景下，加上發展戲曲現代戲的迫切需要，戲曲的思想內容既已「現實主義化」，戲曲形式必須進行現實主義的改造已是理所當然。

第二節 「寫意論」與現實主義的交鋒：
吳祖光與馬彥祥

「戲曲的藝術改革問題座談會」上，多位與會人士發言強調戲曲的「現實主義」傳統時，吳祖光卻推崇戲曲的「寫意」特徵，認為戲曲「寫意」的表演方法應該保留。他認為談戲曲改革，「首先要肯定什麼是戲曲藝術的精華，必須保留它，發展它……自然，好的也能改得更好，但下一步就必然要提出來的修改辦法要比原來更好，如果真是高明，才能得到群眾接受和批准，否則就不如不改。」[27]

吳祖光心目中「戲曲藝術的精華」是什麼呢？由他的發言可以看出，就是「寫意」的表演方法。這套方法「發展下去的結果就突破了一切舞臺上的限制，而且把一切從生活中產生出

---

26 見張庚主編，《當代中國戲曲》，頁 29。
27 吳祖光，〈談談戲曲改革的幾個實際問題〉，《戲劇報》1954 年 12 期，頁 15－16。

來的行動化為一套套的完整的舞蹈形式。」舉例來說,有「以馬鞭代馬、以船槳代船、穿山過嶺、上樓下樓、騰雲駕霧、水底潛行」等,「不僅用表演來完成現代科學技術所不能完成的佈景的任務,而且能用動作來完成道具的任務。」這種「寫意」的表演方法,「甚至於本來可以用的實在的東西也不用了。」譬如舞臺上不用真正的毛筆。吳祖光以為,這說明京劇為了維持風格上的統一,「不僅不用真的東西,而且有意避免用真的東西。」[28]

吳祖光甚至批評改革後的戲曲演出中佈景的問題,他指出這些佈景和戲曲的表演無法協調。例如,上海電影製片廠拍攝常錫劇《雙推磨》的紀錄片,搭了佈景之後:

> 這還不是真的生活化的佈景,只不過有牆壁,門和窗子而已。但是這個戲的表演是極不寫實的,京戲裡做挑水的動作還有一根扁擔,它卻連扁擔也沒有;挑水,推磨等一切動作都用舞蹈姿勢來表演。因此表演和佈景就發生了抵觸,看起來不倫不類,不統一。最後終於放棄了立體的佈景,重新設計平面的背景,進行重拍。[29]

又如拍攝川劇《秋江》的紀錄片,「沒有用立體佈景,只在平面上畫了水和雲。戲中陳妙常追趕潘必正時要走過很長的水路,而背後的水和雲始終不動便又發生了矛盾;水和雲還是比較虛緲的東西,但仍舊妨礙了演員的表演。」[30]因此吳祖光

---

28 同上註,頁 16。
29 同上註。
30 同上註。

為傳統戲曲使用的「守舊」請命，他認為「守舊」的花飾與劇情沒有什麼關係，戲曲的表演便不受時間與空間的任何限制，「解決了表演的問題」。相較之下，「佈景與戲必然有關係，可是越有關係便越限制了表演。」[31]

吳祖光又以梅蘭芳的舞臺藝術紀錄片作為例子，其中包含《宇宙鋒》這齣戲，他問道：

> 「宇宙鋒」是秦朝時的事情，考據出紀元前二百多年的書房和宮殿與室內陳設等等假如是可能的話，是不是也應當穿上秦朝的服裝呢？秦朝的服裝假如沒有水袖，那麼梅先生的許多舞蹈姿勢就要重新設計。秦代還沒有桌椅，演員豈不是要坐在地上？[32]

接著他又給出解方，──戲曲「寫意」的表演方法，可以解決服裝和化妝的問題：「京劇的服裝基本是依據明朝服飾再加上戲劇性的誇張，但它便用這一套服裝來表演上下幾千年的故事，成為一套無所不能應用的古典戲曲服裝。」[33]

關於京劇裡「自報家門」的表演方法，吳祖光認為相當高明，他不同意馬彥祥[34]對於京劇《獵虎記》的稱讚。馬彥祥對《獵虎記》廢除「自報家門」的評論如此說：「作者的現實主義創作方法的另一表現是在編劇技巧上盡量廢除了戲曲劇本

---

31 同上註。
32 同上註。
33 同上註。
34 馬彥祥 1948 年任華北戲劇音樂工作委員會主任委員，1949 年任文化部戲曲改進局副局長，1951 年後任文化部藝術局副局長。

中的一些牢不可破的因襲手法。最顯著的是全劇中沒有一個人物『報名』，必要時，作者採用數板式唱辭來代替報名。」[35]

吳祖光提出異議：

> 這裡面用了「誰人不知」，「沒人不知道」等等來代替京戲常用的「自報家門」，我覺得這實在是「寬道不走走窄道」，因為它並不能適用於京戲中每一個出場的人。……而且三個人物用了同一的「誰人不知」的手法更足以說明這條道路之窄而又窄。其實它與「自報家門」又有什麼分別？「曹兵百萬皆喪胆，誰人不知趙子龍？」這本是京戲裡的老辦法，作為「現實主義創作方法的另一表現的讚美」，是不符合實際情況的。[36]

另外是京劇舞臺上「一桌二椅」的問題、傳統戲劇本修改的問題，以及戲曲演員穿戴的問題，吳祖光也道出戲改過程中抵觸「寫意」原則，導致改革成效引人質疑。他特別提到某次李少春很緊張地拉他到一旁問：「你們拍梅先生的舞臺藝術紀錄片是掛鬍子，還是黏鬍子？」舉這個例子是為了說明，連「李少春這樣著名的演員，又是中國京劇團的副團長，」卻還是對戲改的具體作法無所適從，可見戲改運動中不夠尊重演員的意見。[37]

與吳祖光針鋒相對，馬彥祥強調京劇有「現實主義」的傳

---

35 馬彥祥，〈評京劇《獵虎記》的演出〉，《戲劇報》1954 年 4 期，頁 3。
36 吳祖光，〈談談戲曲改革的幾個實際問題〉，《戲劇報》1954 年 12 期，，頁 17。
37 同上註，頁 17－19。

統，主張戲曲必須大刀闊斧地改革，改革的關鍵在於劇本的創作方法。他要求京劇作家用「現實主義的創作方法來寫他的劇本，堅決地克服那些原始的、落後的、刻板的、非現實主義的傳統創作方法。」[38]馬彥祥駁斥，吳祖光所舉的守舊、自報家門、一桌二椅等戲曲「寫意」表演的體現，[39]並非「戲曲藝術的精華」。[40]

馬彥祥所謂「戲曲藝術的精華」，即是京劇「悠久的現實主義的優良傳統」，其「雖然經過宮廷的長期薰陶，比起其他地方戲來，更有趨向形式主義的傾向，但它究竟是從人民中產生的，它就會有一定的人民性和現實性。」[41]言下之意，京劇現實主義的成分，取決於它「是從人民中產生的」。

從馬彥祥的觀點看來，京劇之中如說唱文學第三人稱講故事的殘留、鬆散冗長的結構、人物和唱詞「定型化」的寫法等，中國戲曲這些「原始形式的特徵」，只不過是「封建社會的生產關係和生產力的反映」。[42]馬彥祥的表述，明顯是簡化版的馬克思主義經濟決定論的應用。解釋經濟決定論時，通常會引用馬克思的這段話來說明經濟基礎與上層建築（包括文學藝術及其他意識形態）之間的關係：

---

38 馬彥祥，〈是什麼阻礙著京劇舞臺藝術進一步的發展〉，《戲劇報》1954年12期，頁23。
39 吳祖光，〈談談戲曲改革的幾個實際問題〉，《戲劇報》1954年12期，頁16-17。
40 馬彥祥，〈是什麼阻礙著京劇舞臺藝術進一步的發展〉，《戲劇報》1954年12期，頁22。
41 同上註，頁25。
42 同上註，頁22。

社會的物質生產力發展到一定階段，便同它們一直在其中運動的現存生產關係或財產關係（這祇是生產關係的法律用語）發生矛盾。於是這些關係便由生產力的發展形式變成生產力的桎梏。那時社會革命的時代就到來了。隨著經濟基礎的變更，全部龐大的上層建築也或慢或快地發生變革。[43]

既然中國從 1953 年已開始向社會主義過渡，許多戲改幹部認為包括戲曲藝術在內的上層建築也應該發生改變。傳統戲曲中參雜了現實主義和非現實主義的成分，戲改工作的重點，自然是清除傳統戲之中非現實主義的成分，並於新編戲中全數代以現實主義的創作與表演方法。

馬彥祥提出的改革方向主要可歸納為三點：一、去除戲曲中說唱文學第三人稱講故事的殘留，全改為第一人稱的代言體；二、改掉戲曲劇情結構鬆散的缺點；三、創作新劇本，改掉人物和唱詞「定型化」的寫法。[44]要改革京劇，使京劇藝術進一步發展，他認為主要的關鍵就是劇本的創作方法。劇本的創作方法改變了，就可以達成前述三點改革。

馬彥祥希望京劇劇作家作到三點：首先，「徹底廢除從說唱文學遺留下來的、作者以第三者的身分出現在劇本裡、強迫劇中人替他說話的那種寫法。」第二，「不要再寫類型的人物，

---

43 中共中央馬克思恩格斯列寧斯大林著作編譯局編譯，《政治經濟學批判》序言，《馬克思恩格斯全集》13 卷（北京：人民，1962 年），頁 8－9。

44 馬彥祥，〈是什麼阻礙著京劇舞臺藝術進一步的發展〉，《戲劇報》1954 年 12 期，頁 21－24。

要從人物的性格出發來描寫人物，刻劃人物。」第三，「在寫唱詞的時候，不要老想到『二二三』『三三四』的舊格式……也不必去考慮這一段詞應該唱什麼調，如什麼『二黃慢板』、『二六』、『南梆子』等……僅可以由演員、導演和音樂工作者去設法解決。」以上新的劇本創作方法，馬彥祥稱之為「現實主義的創作方法」。[45]

接著他提到如何改革京劇「定型化」的各個面向。在音樂方面，傳統戲曲是「劇本服從演員的表演，而演員的表演又服從音樂。戲是根據演員的條件寫的，演員拿到劇本後首先考慮按多少唱，編多少新腔。」他認為應該改為「音樂服從表演，表演服從劇本。」這想法明顯受到西方導演制興起後劇場理論的影響。京劇音樂在新編戲中可以有以下改革：（一）突破鑼鼓經——根據劇情及人物的要求來使用鑼鼓，而不是整套的搬；（二）由改變腔調逐步做到創造或是改編其他劇種的腔調來用；（三）透過不斷吸收地方戲曲音樂的曲調來豐富京劇音樂。[46]

在佈景方面，馬彥祥以為使用佈景是否合適，關鍵在於劇本創作方法。傳統戲不適合用佈景，「是由於劇本中所規定的空間和表演有矛盾，」換個角度想，只要改變了劇本創作方法，解決這個矛盾，就可以使用佈景。[47]

在化裝問題方面，第一提到臉譜。馬彥祥表示：「傳統劇目中的臉譜，某些屬於恐怖的、醜惡的形象，應該改一改，一

---

45 同上註，頁 23。
46 同上註，頁 24。
47 同上註。

般的臉譜,最好少去改它,但是在新編的戲中,人物的臉是否還一定要『譜』,是應該考慮的。」他認為臉譜的最大缺點是「反性格」,「因為不可能有一個人物,他的性格是永遠沒有變化和發展的,而臉『譜』就正是否定人物性格的發展,使性格成為定型的、永遠不變的東西。」[48]其次,提到旦角貼片子的問題。貼片子這種化裝方法,能夠改變臉形和美化臉形,但馬彥祥問道:

> 改變什麼臉形?從前舞臺上都是男人扮女人,為了改變男人的臉形,所以想出貼片子的辦法,今天是女人演女人了,演員本人就是一個女性,何必還要用貼片子的方法來改變臉形呢?……因為貼了片子,就得吊眉,勒頭,這一切措施嚴重地妨礙了演員的面部表情。作為一個演員來說,究竟是表演重要呢,還是單純地保持臉形的美重要呢?我想是無須爭論的。又何況不貼片子未必就不美。[49]

這裡可以看出,馬彥祥認為表演時展現演員的面部表情,比保持臉形的美重要。或許他覺得不管是畫臉譜還是貼片子,都會妨礙演員的面部表情,都是屬於戲曲表演「形式主義」的成分;唯有使演員的臉部也能充分表演,才符合「現實主義」的進步原則。

以上馬彥祥提出戲曲改革的各方面,不論是劇本、表演、

---

48 同上註。
49 同上註。

音樂、佈景及化妝，基本都是以西方與蘇聯傳入的現實主義戲劇（包括話劇、歌劇和舞劇）表演理論為準則，期望改革後的戲曲能夠「更真實地反映現實」。以馬彥祥為代表的新文藝工作者的這種「現實主義真實」實際上具有雙重性，一面是現實主義戲劇的真實，即強調舞臺演出的「細節真實」；另一面則是馬克思主義文藝學的現實主義真實，即文藝作品中「細節真實」和「現實關係真實」的結合。「現實關係真實」主要指的是階級關係的真實，即通過階級分析的角度，真實地塑造典型環境中的典型人物，顯而易見這種真實帶有明確的政治傾向。「細節真實」又常被稱為「生活真實」，屬於文藝美學層面；「現實關係真實」則較偏向政治層面，又常被教條化為「本質真實」。論爭中馬彥祥提及的現實主義較偏向現實主義戲劇的「細節真實」（「生活真實」），而這並不違背馬克思主義文藝學。

第三節　戲曲「寫意論」的其他支持者

　　老舍在會議上提到北京市市長彭真曾談到戲改問題：「他說：一切觀眾，對劇本的思想內容都有提出意見的權利。至於掛不掛鬍子……等類問題，還是應該取決於演員，要依賴專家們。」又說，有天聽到周恩來總理說：「評戲老在學京戲的吊眼睛、貼片子，看起來不舒服，還不如學越劇的化裝好，又方便，又好看。」[50]

---

50 見老舍，〈談「粗暴」和「保守」〉，《戲劇報》1954 年 12 期，頁 11。

老舍也舉例說明佈景與京劇表演的矛盾：他有一天在懷仁堂看《鬧天宮》，「有佈景，掛著亮亮的星，表示在天上作戰。開演以後，筋斗一翻，搞得滿台都是灰土，天上怎會有灰塵呢？」[51]

梅蘭芳對於使用佈景的態度較為保留，基本上不同意傳統戲用佈景：

> 拿我個人經驗說，大部分舊劇目是不適用佈景的。因為京劇的表演方法是寫意的，當演員沒有出台的時候，舞臺式空洞無物的，演員一上場，就表現了時間與空間的作用和變化，活的佈景就全在演員的身上，馬鞭一打，說明了走馬；船槳一搖，說明了行船；轉一個圓場，就過了好幾條街，或者是千山萬水；更鼓一響，就說明了黑夜或天明；由於時間和環境的變動太快，佈景就追不上，所以在舊劇目裡使用佈景，局限性很大。據我的經驗，祇有在排演新戲的時候，可以使用佈景。[52]

梅蘭芳談到「現實主義的表演方法」，是從「鑽研戲情戲理，體會人物性格」的方向來理解。至於京劇是否適合表演現代生活的問題，他語帶保留，舉了演出時裝戲的例子：他曾演出《童女斬蛇》，「斬蛇一場，是全劇的高潮，可是穿了時裝，就不能手持寶劍，祇是用一把匕首（小刀），在舞蹈方面無法有很好的表演。」在時裝戲中，「大半唱詞少對白多，慢板幾

---

51 同上註。
52 梅蘭芳，〈對京劇表演藝術的一點體會〉，《戲劇報》1954 年 12 期，頁 27。

乎使用不上，主要的曲調是搖板和快板。」雖然他在《一縷麻》等戲中使用了慢板反二黃，但是唱了一陣子之後，「就愈來愈感覺到不調和，因為唱起來生硬。穿了時裝，手勢、台步、表情、唸白完全不是京劇舞臺上固有的一套，而是按照現實生活表演，」這使他有了一番領悟：「京劇的表演方法是誇張放大的，它主要的特點是歌舞並重的，如果表演現代的日常生活，不能不考慮採用新的表現形式，在風格上是與原有的京劇藝術形式不一致的。」因此他建議：「京劇雖也可以，而且確也表演過時裝戲，但並不是最適當的，京劇的主要任務，在目前還該是表演歷史題材的歌舞劇。」[53]

葉盛蘭在京劇是否使用佈景問題上，立場較為含糊，但在表演方面，他表態：「應該學習蘇聯先進的經驗，對史坦尼斯拉夫斯基的表演體系，我們有必要進行學習。這當然不是說我們要按照話劇的路子來演戲。」[54]那麼要向史坦尼體系學習什麼呢？他指出：

> 在表演方法上，話劇也好，京劇也好，雖然有些不同，但是原理卻是一個。也就是要現實，要真實，要有思想感情。過去有的演員唱完一段慢板，自己也不知道心裡有些什麼感情，祇希望觀眾叫「好」，要觀眾欣賞自己的腔兒，這些地方是應該改進的。[55]

---

53 同上註，頁 27–28。
54 葉盛蘭，〈我的意見、我的希望——在「戲曲的藝術改革問題座談會」上的發言〉，《戲劇報》1955 年 1 期，頁 42。
55 同上註。

　　可見在過去有些戲曲演員並不在乎唱戲時內心有什麼感情，之前的戲改過程中，已經針對這種現象加以糾正。

　　葉盛蘭說到他觀賞蘇聯國立莫斯科音樂劇院演出的感想：「他們的藝術很驚人很動人，因為他們的戲裡有生活，有感情；因為他們的藝術是集體的藝術，而不是明星制的表演，每個人都有戲。我想我們在這方面應該接受新的理論，和新的表演方法，要虛心地向人家學習。」然而他也提醒，「我們演的究竟是京劇，」「我們在家裡喝酒，喝茶，就不像在台上表演的，因為舞臺上的喝酒動作帶有舞蹈性的。我們一方面要演得有生活，另一方面還要使舞臺動作有舞蹈性。」[56]

　　會議後的投書中，宗劬采則在肯定京劇改革的同時，主張「科學分工」，在京劇「已有的基礎上吸收其他各種戲曲以及民間歌調、舞蹈的成分，以至現代戲劇的經驗，加以改進提高，使它成為更有力的表現古代歷史的古典歌劇的樣式之一。」[57]他主張將表現現代生活的任務，交給以「歌曲小調、民間舞蹈以及小型地方戲曲為基礎，並吸收話劇等現代戲劇的經驗加以改革與提高」，使之逐漸形成的「新型歌舞劇」。[58]同時為京劇的特殊樣式辯護，指出：京劇特有的樣式或表演形式，也能表現生活的真實：「京劇在舞蹈方面的最大的特點，也是它的優點，是它用『特有』的舞蹈形式，通常稱作『做工』的，精鍊地表現了生活的真實；並且往往達到異常細緻、準確的程度；這又

---

56 同上註，頁 42－43。
57 宗劬采，〈京劇的藝術改革不能離開它的特殊樣式〉，《戲劇報》1955年 3 期，頁 39。
58 同上註。

是一般舞劇所往往不容易達到的。」[59]而京劇的「程式」事實上就是其特殊的表演形式，「它不同於一般舞蹈的『基本動作』的是它已不祇限於適應動作的基本技術要求，而是每個『程式』都能表現一定的生活真實。取消了京戲的『程式』也就是取消了『做工』，也就是取消了京劇固有樣式的特點。」[60]

馬彥祥認為，將人物分「類型」（即生、旦、淨、末、丑等行當）會「把人物定型化」，「很難刻劃出生動、真實、有性格的人物來。」[61]宗劬采對此批評道，這是「一種片面與機械的看法」，因為「類型」雖然影響「性格」，但不能代替「性格」。這種藝術上分「行當」的劃分類型方法，其目的與效果不是妨害，而是便利人物性格的刻劃。[62]

關於佈景問題，宗劬采表示：不是京劇中要不要佈景的問題，而是要哪種佈景的問題。他認為改革是需要的，但是「也要與京劇的表現手法與其風格相協調，並要服從表演效果。」「用寫實的話劇佈景來造成喧賓奪主的聲勢，即使是室內佈景，也是不完全適當的。更何況會造成整個藝術風格的不諧和。」[63]

關於臉譜，馬彥祥認為臉譜是「反性格」的，「否定人物性格發展」的，宗劬采則指出，這一樣是「觀念上的機械與片

---

59 同上註，頁36。

60 同上註，頁36。

61 馬彥祥，〈是什麼阻礙著京劇舞臺藝術進一步的發展〉，《戲劇報》1954年12期，頁23。

62 宗劬采，〈京劇的藝術改革不能離開它的特殊樣式〉，《戲劇報》1955年3期，頁37。

63 同上註，頁37-38。

面」,「京劇的『臉譜』實質上也就是根據一定的人物的性格而確定的在面目化裝上的一定的『臉型的樣子』。所以它不是『反性格』的,而是服從人物性格的需要以及其發展與變化的需要的。」[64]他認為,話劇也需要面部化裝,為何就不怕妨礙人物性格的發展?因此,京劇也和話劇一樣,並不因為有面部化裝的不同樣子(臉譜),而否定人物性格發展。京劇和話劇「兩者所不同的祇是化裝上的表現手法的不同,美術風格上的不同,並不存在什麼『反性格』與『不反性格』的問題。」[65]

宗劬采質疑,之所以有這些「取消」意見的產生,除了看法上的片面和機械外,主要的根源在於「無視京劇的特點,採取了一種抹殺民族藝術傳統的態度」;他直指馬彥祥所謂的「大胆地突破京劇的一套規律」,是要「突破到取消京劇已有的規律的地步。」但他認為這已不能稱為「京劇的改革」,而是「革掉京劇」了。[66]

「寫意論」的其他支持者唯有宗劬采的論點較具創意,他指出:京劇獨特的表演形式,也能表現生活的真實。這種稱為「程式」的獨特表演形式,「精鍊地表現了生活的真實;並且往往達到異常細緻、準確的程度」。[67]宗劬采提出的實際上是一種「戲曲真實美學」,亦即戲曲並不如許多戲改領導幹部所言,不夠真實和充斥形式主義,戲曲的「程式」甚至能更簡潔有力地表現生活真實。試想,西洋的話劇若是完全真實,為何有一

---

64 同上註,頁 38。
65 同上註。
66 同上註。
67 同上註,頁 36。

群演員隨著幕啟幕落而行動？歌劇若是真實，為何演員以歌唱代替談話？舞劇若是真實，舞者為何不斷地旋轉跳躍？宗劬采所提的戲曲的「生活真實」，不同於現實主義話劇的「生活真實」（「細節真實」），是必須透過「程式」表現出來的，因為與現實主義話劇的「生活真實」差距太大，不見其他論者出面聲援他。

第四節　會後針對戲曲
「寫意論」的反駁

　　戲曲藝術改革問題座談會上，多位人士對於戲曲寫意手法的支持以及對現實主義的忽視，無疑與官方的改革步調不一致。會後，馬少波批評，吳祖光的發言之中，「沒有首先強調京劇的現實主義傳統，祇是過分地強調了京劇的某些形式方面的特點，加以不恰當的歌頌、渲染，以至到了神秘化的程度。」[68]接著他反駁吳祖光所謂京劇表演採用的「寫意」方法，如「以馬鞭代馬、以船槳代船，穿山越嶺、上樓下樓、騰雲駕霧、水底潛行」等假設性的表演動作，其實質是「根據現實生活中的動作加以洗鍊、集中和誇張而形成的，是符合歌舞劇的現實主義的創作原則的。」而且京劇表演藝術的優點不是只表現在這些假設性的表演動作，佔主要地位的是「對於事態人情、

---

68 馬少波，〈關於京劇藝術進一步改革的再商榷〉，《戲劇報》1955 年 3
　 期，頁 21。

人物的性格與精神狀態進行了深刻的真實的表現和刻畫。」他認為事實與吳祖光的說法相反,「京劇並不是把一切表演都乞靈於所謂『寫意』的方法的,也不衹是『不僅用表演來完成現代科學技術所不能完成的任務,而且能用動作來完成道具的任務』的,」京劇在條件允許下還是使用道具的,除非「受舞臺條件的限制不能用真實道具或不需要用真實道具的時候,如走馬、行船等,才採用假設性的動作,但也是極力摹仿,通過集中和誇張的表現手法,以求其逼真活現,」並不是吳祖光所稱的「寫意的表演方法」在主導。因此,馬少波認為吳祖光所說的戲曲的「寫意的表演」,「實際上是經過提煉、誇張的具有民族特色的寫實的表演,」吳祖光把寫意和寫實對立起來,「是對京劇的真正優點──它的現實主義方法理解不足的原故。」[69]

孫由美讀了 1954 年第 12 期的《戲劇報》後,也對老舍和吳祖光的言論加以批評。對於兩人強調京劇表演方法的「寫意」特徵,他質疑道:

> 不是說京戲的表演最大的特點是「寫意」的嗎?而這種「寫意」的表演還能「完成現代科學所不能完成的佈景任務」嗎?但是,我想誰也不能否認,任何一種藝術都應該建立在藝術本身所具有的真實感的基礎上。脫離了真實的基礎,任何的讚美都會落空。[70]

---

69 同上註,頁 21。

70 孫由美,〈對戲曲的藝術改革問題討論中某些發言的不同意見〉,《戲劇報》1955 年 3 期,頁 32。

　　吳祖光關於京劇「寫意」表演方法的闡述，孫由美反駁道：
「京劇的表演也不是完全『有意避免用真的東西』的。」[71]他
舉了蓋叫天的拿手戲《武松打店》為例，表演時用了一把真刀。
他問道：「當我們看見他在舞臺上唰的一聲把刀子一下插在地
板上的時候，不是更增加了當時的鬥爭場面的緊張氣氛嗎？誰
會覺得他破壞了京戲的『寫意』的『風格』呢？」[72]

　　對於老舍在懷仁堂看《鬧天宮》表演，「筋斗一翻，搞得
滿台都是灰土」的情形，孫由美反問道：「就按過去的不佈景
的『寫意』的表演，筋斗一翻，又怎能避免灰塵呢？」他的意
思是，寫實和寫意的方法同樣都會遭遇到困難，為什麼單獨去
指責寫實表演的問題呢？他認為正確的態度應該是肯定寫實
的佈景，繼續革新，「繼續再想辦法把台上的灰塵去掉。」[73]

　　他同時提到吳祖光的《宇宙鋒》問題：《宇宙鋒》是秦朝
的故事，是不是應該表現秦朝的真實？並提出「現實主義」的
藝術方法來解答：

> 在肯定藝術以真實為基礎的原則下，也不要忘記：現實
> 主義的藝術真實，與自然主義的生活真實是有所不同
> 的；同時，也不要忘記：舞臺上的歷史戲劇，是與圖書
> 館裡的歷史書籍有所不同……根據藝術真實不同於
> 生活真實以及歷史戲劇不同於歷史記載的原則，我想，
> 歷史戲劇的舞臺美術設計，與考古學家的歷史古物考據

---

71 同上註，頁31。
72 同上註，頁31。
73 同上註，頁32。

也應該有所不同。如果我的見解不錯的話，那麼，我覺得舞臺上的表演也好，服裝也好，道具也好，主要是在於它是否能引起觀眾的真實感（也就是可信性），而不是在於處處都要有真憑實據。這就是現實主義的藝術法則。[74]

對於京劇的「自報家門」，吳祖光和老舍都頗為讚賞，孫由美則提出《空城計》中諸葛亮出場所念的一段引子「羽扇綸巾，四輪車，快似風雲；陰陽反掌定乾坤，保漢家，兩代賢臣」為例，他批評道：「我們先姑且不忙去追究他這樣自吹自擂與當時的劇情，人物身份，思想感情符不符合，單拿一般的觀眾來說，有好多人能夠聽得懂呢？有什麼優美呢？如果說美的話，那也只是脫離了內容的形式美。」[75]從這段批評可以看出，孫由美對於「自報家門」這種說唱藝術第三人稱敘事的遺留，同樣認為其不符合劇情、人物身份及思想感情，視之為「形式主義」的成份。

當年甫畢業於舞臺美術系的龔和德[76]也不同意戲曲寫意論者對於京劇表演形式無條件支持的態度，他提到，改革京劇的內容，「汲取其民主性的精華、剔除其封建性的糟粕，是大家明確肯定的；」但談到改革京劇的形式，「保守的同志便把京

---

74 同上註，頁 32。
75 同上註，頁 33。
76 龔和德，京劇理論家、研究家。1954 年畢業於中央戲劇學院華東分院舞臺美術系。先後任職於中國戲曲研究院、中國藝術研究院，從事舞美、劇場和戲曲史研究工作。見「龔和德」條，黃鈞、徐希博主編，《京劇小辭典》（上海：上海辭書，2009 年），頁 338。

劇的一套體系，看成固定不變的東西。」他以唯物辯證法的規律提醒戲曲工作者：「任何藝術形式，永遠處在變革和運動之中，永遠受著從低級向高級發展的客觀規律的制約。而且，內容與形式是矛盾與統一的，內容改了而形式不改，那原有的形式將無法表現新的內容。」[77]京劇的舊形式不適合新內容時，會阻礙新內容的發展，因此京劇的形式必須改革。

龔和德認為，過去的舞臺條件非常原始，京劇演員只能在「守舊」前表演，因此演員必須負擔一個本不應該負擔的任務：介紹角色所處的環境。於是「佈景」就在演員的身上。他認為這種表演方法有著嚴重缺點：「沒有明確的形象性，它的表現力是薄弱的，不能讓演員和觀眾對角色的活動環境，產生強烈的信念。」[78]所以他不同意吳祖光關於「守舊」和桌椅的擺法不可輕易改動的意見。

龔和德承認吳祖光所言，京劇的「寫意」表演方法與寫實的佈景相互矛盾，但他的立場是支持京劇藝術改革，並明確指出：「要解決京劇的佈景創作問題——表演空間和佈景空間的統一；『寫意』和寫實的統一等等問題，光從佈景本身來談是無法解決的，必須與編劇、表演的改革，導演制度的健全建立聯系起來談才行。」[79]在編劇方面，他希望「要求新創作的劇本，能夠適當地減少場次，肯定環境，解決人物與佈景之間的空間和時間的矛盾。」「要求劇作家在創作時，鄭重地考慮到

---

77 龔和德，〈關於京劇的藝術改革中舞台美術的創作問題〉，《戲劇報》
　　1955 年 1 期，頁 44。
78 同上註。
79 同上註，頁 45。

佈景的存在，要求他在一個比較固定的環境中刻劃典型人物、典型事件。」[80]在表演方面，「主要是如何打破類型化和追求個性化的問題。」龔和德點出，角色的「行當」這種形式，反過來限制著演員的創造，使得京劇藝術無法反映新的內容。因此他主張突破「行當」，「加強政治、文藝修養，深入現實生活，在藝術實踐上大胆地突破，勇敢地創造。」[81]其次是演員身上的「佈景」問題，他認為「應該把它卸下來讓給舞臺美術工作者去做」，這樣一來，「那些單純說明環境的動作，就可以逐漸減少了。」「不必為了保留那些與人物性格無關的單純的技術表演，來妨礙佈景藝術的創造。」[82]在導演方面，他認為導演應該深刻地理解舞臺美術的「實質和創作過程，以及舞臺上的光與色的關係，佈景的透視、層次等等課題，」[83]並「以合乎角色心理線索的、合乎劇中生活邏輯的舞臺調度，」來代替過去京劇演員在舞臺上固定的路線。

關於京劇的佈景方面，他反對「脫離京劇動作的需要，無原則地使用『立體化』和過分寫實的(近乎自然主義的)佈景，」他總結，「不能把觀眾的視覺引到追求『像不像』的道路上去；佈景給予觀眾的不是『生活中的如此這般』，而是為了增強動作的說服力，渲染情緒，創造戲劇氣氛所必要的真實感。」[84]

在二十世紀五十年代中國大陸包括文藝政策都朝向蘇聯

---

80 同上註，頁 45。
81 同上註，頁 46。
82 同上註，頁 46。
83 同上註，頁 46。
84 同上註，頁 47。重點標記為龔和德所加。

「一面倒」的情勢下，寫意論者確實難以抵擋現實主義的洶洶攻勢。馬少波認為吳祖光「寫意」的說法不對，應稱之為「提煉、誇張的具有民族特色的寫實的表演」；孫由美光是一句「任何一種藝術都應該建立在藝術本身所具有的真實感的基礎上」就擊中寫意論者的要害；龔和德的論點更是釜底抽薪：既然吳祖光認為京劇表演與寫實佈景格格不入，那就應該編劇、表演和導演制度三管齊下，直截了當地將京劇寫實化。

小　結

　　二十世紀二十年代在中國出現的「現實主義」一詞，不能單單將其視為「寫實主義」的同義詞，或將其與十九世紀歐洲出現的「批判現實主義」混為一談。馬克思主義文藝理論影響下的現實主義自有其另一方風貌，綜合恩格斯的那句：「現實主義的意思是，除細節描寫的真實外，還要真實地再現典型環境中的典型人物」[85]，以及馬克思所謂：「人的本質並不是單個人所固有的抽象物，實際上，它是一切社會關係的總和」[86]，可以得知，「典型環境中的典型人物」的描寫必須充分體現人物的社會關係。而根據馬克思主義，各種社會關係之中，階級關係最為重要。因此，正如何輝斌所指出：「細節描寫只是馬

---

[85] 中共中央馬克思恩格斯列寧斯大林著作編譯局編譯，《馬克思恩格斯全集》37卷，頁41。

[86] 中共中央馬克思恩格斯列寧斯大林著作編譯局編譯，〈關於費爾巴哈的提綱〉，《馬克思恩格斯全集》3卷（北京：人民，1960年），頁5。

克思、恩格斯心中的現實主義的次要特徵,其首要特點在於通過階級分析的角度塑造典型環境中的典型人物。」[87]辯證唯物主義和歷史唯物主義指導的現實主義,其主要「任務」為描寫階級的矛盾,「階級的矛盾」就是其所謂「現實」的重要面向。

社會主義時期現實主義反映的「現實」就是「階級的矛盾」,還可由詩人兼文藝理論家張光年[88]的一段話做為佐證:

> 戲曲遺產中的現實主義,主要表現在它描寫了封建社會的歷史真實,揭露了封建社會生活的根本矛盾,——人民和封建統治者、和封建制度的不可調和的矛盾;以生動的集中的藝術形象,證明了:不管在哪個朝代,不管在怎樣的黑暗統治下,人民的自由與正義的火焰是從不熄滅的。戲曲藝術在表現這一生活真理的時候,對當時的社會生活採取了精確的具體描寫的方法,把當時的社會環境、世態人情、人物的性格與精神狀態描寫得活靈活現,使我們如臨其境,如見其人因而情不自禁地受到感動與啟發。[89]

1934 年蘇聯作家協會章程也對現實主義與革命相結合做

---

87 何輝斌,〈國人對「莎士比亞化」和「席勒式」的誤讀與建構〉,《文化藝術研究》9 卷 2 期(2016, 4),頁 120。

88 張光年,筆名光未然。於 1949 年後歷任中央戲劇學院教育長、創作室主任,文化部藝術局副局長,《劇本》月刊主編,中國劇協黨組書記,中國作協書記處書記、黨組副書記、書記、副主席、名譽副主席。《文藝報》、《人民文學》主編,中央顧問委員會委員,中國文心雕龍學會會長。

89 張光年,〈戲曲遺產中的現實主義〉,《戲劇的現實主義問題》,頁 15。

了規定:

> 社會主義的現實主義,作為蘇聯文學與蘇聯文學批評的基本方法,要求藝術家從現實的革命發展中真實地、歷史地和具體地去描寫現實。同時藝術描寫的真實性和歷史具體性必須與用社會主義精神從思想上改造和教育勞動人民的任務結合起來。[90]

　　除了政治層面,現實主義自然也涉及美學層面,尤其是藝術與現實生活的關係。參與戲曲藝術改革問題座談會會前會後討論的文化界人士之中,大多數都同意「現實主義藝術必須忠實於生活的真實」此一原則,如馬少波認為京劇要避免形式主義,就「要忠實於生活的真實,要在生活真實的基礎上進行藝術創造和藝術的誇張。」[91]並於會後反駁吳祖光將「寫意」當作戲曲創作與表演原則的觀點,他認為戲曲假設性的表演動作,其實質是「根據現實生活中的動作加以洗鍊、集中和誇張而形成的,是符合歌舞劇的現實主義的創作原則的。」[92]

　　而除了吳祖光、老舍等人之外,其他反對戲曲粗暴改革的人士,如宗劭采在為京劇的藝術形式辯護時,也不免必須重申京劇中的現實主義原則:「京劇在舞蹈方面的最大的特點,也是它的優點,是它用『特有』的舞蹈形式,通常稱作『做工』

---

90 曹葆華等譯,〈蘇聯作家協會章程〉,《蘇聯文學藝術問題》,頁 13。
91 馬少波,〈關於京劇藝術進一步改革的商榷〉,《戲劇報》1954 年 10 期,頁 11。
92 馬少波,〈關於京劇藝術進一步改革的再商榷〉,《戲劇報》1955 年 3 期,頁 21。

的,精鍊地表現了生活的真實」「每個『程式』都能表現一定的生活真實。」[93]

同樣是「生活的真實」,馬少波、馬彥祥等人用以對照戲曲中的非現實主義和形式主義,從而做為戲曲改革正當性的論據;宗勉采等人則引以為戲曲表演形式符合現實主義的證據,意圖阻擋激進的改革。然而,「生活的真實」之中的「真實」,到底指的是生活外在的真實,還是生活本質的真實?若是前者,傳統戲曲的確有許多地方不符合生活外在的真實,若是後者,難以指證戲曲創作與表演不符生活本質的真實,戲改推動者似乎又失去理論的奧援。

因此,可以看到一種奇特的現象:每當要推行戲曲改革,戲改推動者援引現實主義理論時,其所謂的「生活的真實」即是生活外在的真實;然而當遭到反對改革者質疑其「真實」並不徹底時,「真實」便可轉變為生活本質的真實,不必所有表演形式皆符合生活外在的真實。正如孫由美的辯解:「現實主義的藝術真實,與自然主義的生活真實是有所不同的……它是否能引起觀眾的真實感(也就是可信性),而不是在於處處都要有真憑實據。這就是現實主義的藝術法則。」[94]孫由美提到的「可信性」,源自亞里斯多德《詩學》第二十五章的一段話:「就做詩的需要而言,一件不可能發生但卻可信的事,比一件

---

93 宗勉采,〈京劇的藝術改革不能離開它的特殊樣式〉,《戲劇報》1955 年 3 期,頁 36。

94 孫由美,〈對戲曲的藝術改革問題討論中某些發言的不同意見〉,《戲劇報》1955 年 3 期,頁 32。

可能發生但卻不可信的事更為可取。[95]生活中或許找不到如宙克西斯畫中的人物，但這樣畫更好，因為藝術家應該對原型有所加工。」[96]這段討論「不可能但可信的事」和「可能但不可信的事」的引文，照朱光潛的解釋：亞里斯多德認為最好的創作方法是「照事物應當有的樣子去摹仿」。「這樣的摹仿如果照浮面現象看，或許是『不可能的』；但是照本質和規律來看，卻仍是『近情近理的』或『可信的』……藝術應該排除偶然而顯示必然。亞里斯多德很清楚地指出了：藝術的真實不同於生活的真實，儘管它們有聯繫。」[97]

反過來看，戲改過程中，反對戲曲粗暴改革者似乎可以援引現實主義的老祖宗亞里斯多德「藝術的真實不同於生活的真實」的原則，來為傳統戲曲的特殊樣式辯護，然而戲改的參照物是西方現實主義的戲劇，指導的創作方法為社會主義現實主義，論者相當難以否定「現實主義藝術必須忠實於生活的真實」，以致當代戲曲「生活真實」與「藝術真實」發展方向的糾纏，一直持續了多年。

此外，仔細探究這場座談會舉辦的目的，其議題討論戲曲藝術（主要談的是京劇）需要進一步改革，指的是內容的改革已告一段落，接著是戲曲形式的改革。為何要進行形式的改革？主要目的即是為發展戲曲現代戲作準備。馬少波在座談會前兩個月就提出京劇發展的方向：「使京劇藝術擴大和提高它

---

95 亞里斯多德（Aristotle）《詩學》第 24 章中有相同的表述。
96 亞里士多德（即「亞里斯多德」）著，陳中梅譯注，《詩學》（北京：商務印書館，1996 年），頁 180。
97 朱光潛，《西方美學史》，頁 680。重點標記為朱光潛所加。

的表現能力，促使它不僅能夠勝任地表現歷史生活，而且在經過長期試驗改進之後，也能夠逐步地表現現代生活。」[98]「現代生活現實」傾向在「社會主義現實主義」逐漸站穩陣腳之後，也一步步地施加影響力於當代戲曲。

---

98 馬少波，〈關於京劇藝術進一步改革的商榷〉，《戲劇報》1954 年 10 期，頁 14。

第四章 「推陳出新」論爭：
教條主義的鬆綁與復歸

　　「推陳出新」無疑是當代中國大陸戲曲改革運動最為核心的政策方針，其重要性遠在「百花齊放」之上，然而對於「推陳出新」一詞，文藝界卻有著各人不同的理解，或者可說這種理解是隨著政治天候的陰晴寒暑而變化不定，即使特定一人也會隨政治氣溫的變化而對其作出或鬆或緊的解釋。最為具體的表現，就是以張庚[1]和郭漢城[2]為代表的，在 1956 年至 1959 年

1 張庚，戲劇理論家、教育家、戲曲史論家。研究員。原名姚禹玄。歷任延安魯迅藝術學院戲劇系主任，東北魯迅文藝學院、中央戲劇學院、中國戲曲研究院、中國藝術研究院副院長，中國戲曲學院院長，《戲劇報》主編，中國戲劇家協會副主席、名譽主席，中國戲曲學會會長。1934 年加入中國共產黨。早在左翼劇聯時期就開始從事戲劇活動。畢生致力於戲劇史論的研究工作，相繼出版有《戲劇藝術引論》(1942)、《論戲曲表現現代生活》(1958)、《戲曲藝術論》(1980)、《張庚戲劇論文集》兩本(1981、1984)、《張庚文錄》7 卷(2003)等。見「張庚」條，中國京劇百科全書編輯委員會編，《中國京劇百科全書》（北京：中國大百科全書，2011 年），頁1009。

2 郭漢城，戲曲理論家、劇作家、詩人。中國藝術研究院研究員。中國戲劇家協會顧問、文化部振興京劇指導委員會副主任。1954 年調中國戲曲研究院，相繼任劇本創作處副處長、劇目研究室主任、中國戲曲學院戲曲研究所所長等。著作和作品有《戲曲劇目論集》、《郭漢城詩文戲曲集》、《師友集》(與章詒和合著)、《當代戲曲發展軌跡》，主編《中國古典十

之間對於戲曲工作中教條主義的批評文章，1960年「推陳出新」論爭中反而受到文藝界群起批判的事件。

第一節　戲改方針「推陳出新」的由來

早在 1937 年，毛澤東於〈矛盾論〉一文中，闡述了唯物辯證法最根本的矛盾法則，其中借用了生物學術語「新陳代謝」加以說明：

> 新陳代謝是宇宙間普遍的永遠不可抵抗的規律。依事物本身的性質和條件，經過不同的飛躍形式，一事物轉化為他事物，就是新陳代謝的過程。任何事物的內部都有其新舊兩個方面的矛盾，形成為一系列的曲折的鬥爭。鬥爭的結果，新的方面由小變大，上升為支配的東西；舊的方面則由大變小，變成逐步歸於滅亡的東西。而一當新的方面對於舊的方面取得支配地位的時候，舊事物的性質就變化為新事物的性質。[3]

這種事物性質新舊轉換的規律可以套用到任何事物上，照毛澤東的話說：「世界上總是這樣以新的代替舊的，總是這樣

大悲喜劇集》、並與張庚共同主編《中國戲曲通史》和《中國戲曲通論》，此外，還參與《中國大百科全書・戲曲曲藝》卷的編纂領導工作。見「郭漢城」條，中國京劇百科全書編輯委員會編，《中國京劇百科全書》，頁185。

3 毛澤東，〈矛盾論〉（一九三七年八月），《毛澤東選集》1 卷（北京：人民，1991 年，2 版），頁 323。

新陳代謝、除舊佈新或推陳出新的。」[4]

　　經過演繹，毛澤東 1940 年發表的〈新民主主義論〉中，描述新民主主義的新文化時，不只運用了矛盾法則，同時強調以取其精華、去其糟粕的態度來對待傳統文化：

> 清理古代文化的發展過程，剔除其封建性的糟粕，吸收其民主性的精華，是發展民族新文化提高民族自信心的必要條件；但是決不能無批判地兼收並蓄。必須將古代封建統治階級的一切腐朽的東西和古代優秀的人民文化即多少帶有民主性和革命性的東西區別開來。中國現時的新政治新經濟是從古代的舊政治舊經濟發展而來的，中國現時的新文化也是從古代的舊文化發展而來的，因此，我們必須尊重自己的歷史，決不能割斷歷史。但是這種尊重，是給歷史以一定的科學的地位，是尊重歷史的辯證法的發展，而不是頌古非今，不是讚揚任何封建的毒素。[5]

　　亦即是說，將傳統文化中有利和有害的部分區分開來，批判後加以揚棄，創造出新的文化，而非不加選擇地完全繼承傳統，或完全拋棄傳統。

　　從二十世紀三十年代開始，新文藝工作者紛紛提出改革戲曲的論述，張庚 1939 年發表的論文〈話劇的民族化與舊劇的現代化〉中也有與毛澤東文化思想類似之處：「舊劇的現代化

---

4 同上註，頁 324。
5 毛澤東，〈新民主主義論〉（一九四〇年一月），《毛澤東選集》2 卷（北京：人民，1991 年，2 版），頁 707－708。

的中心，是去掉舊劇中根深蒂固的毒素，要完全保存了舊劇幾千年來最優美的東西，同時要把舊劇中用成了濫調的手法，重新給予新意義，成為活的。這些工作的進行，首先一定要工作者有一個進步的戲劇以至藝術的觀念。」[6]

1942 年 10 月 10 日，毛澤東為《平劇研究院成立特刊》題辭「推陳出新」，其內涵與〈在延安文藝座談會上的講話〉相通：「我們必須繼承一切優秀的文化藝術遺產，批判地吸收其中一切有益的東西，作為我們從此時此地的人民生活中的文學藝術原料創造作品時候的借鑒。」[7]《當代中國戲曲》書中指出，毛澤東提出的「推陳出新」方針，是「第一次把無產階級的戲曲改革的主張和方法，作了簡明、通俗的表述和科學、辯證的概括。」[8]

1949 年 7 月，在中國戲曲改進會成立前夕，毛澤東又為該會題辭「推陳出新」，[9]次年冬天，中國文化部在北京首次召開全國戲曲工作會議，會議上發生了京劇和地方戲何者為主的爭論。有人主張「百花齊放」，鼓勵各類戲曲劇種自由競賽，共存共榮。毛澤東將此話和他 1942 年在延安提出的「推陳出新」結合起來，於 1951 年春題贈新成立的中國戲曲研究院，因而

---

6 張庚，〈話劇的民族化與舊劇的現代化〉，《理論與現實》1 卷 3 期（1939 年 10 月）。轉引自安葵，《張庚評傳》，頁 114。

7 毛澤東，〈在延安文藝座談會上的講話〉，1942 年 5 月。轉引自中國科學院文學研究所馬克思主義文藝理論叢書編輯委員會編，《毛澤東論文藝》（北京：人民文學，1958 年），頁 64。

8 張庚主編，《當代中國戲曲》，頁 13。

9 柏生，〈改進中國戲曲中國戲曲改進會發起人集會毛主席題示「推陳出新」〉，《人民日報》，1949 年 7 月 29 日，2 版。

形成了為中國大陸戲曲工作者此後一直遵循的「百花齊放，推陳出新」方針。[10]

第二節 「戲劇真實」的缺席與「社會主義現實主義」的教條化

藉著毛澤東於 1956 年提出「百花齊放，百家爭鳴」方針的機會，1956 至 1957 年之間，為了解決戲曲演出劇目貧乏，戲曲藝人生活困頓的問題，中國文化部召開了兩次全國劇目工作會議，「第一次劇目會議主要是打破過去戲改工作中的清規戒律；第二次劇目會議就提出大膽放手，於是禁戲都開禁了。」[11]兩次劇目工作會議之間，即已開放部分禁戲，第二次劇目會議之後不到一個月，文化部更是發出開放全部禁戲的通知。[12]

中國文化部開放禁戲的政策，很容易讓人聯想到，是否主管機關承認過去禁戲政策有錯誤？張庚對「文藝為政治服務」的問題作出解釋：「劇目開放了，過去需求的人民性、思想性、為政治服務都錯了嗎？不錯的。這些應該講，以後還要講。過去是把思想性、人民性理解得太狹窄了，把為政治服務理解得

---

10 張庚主編，《當代中國戲曲》，頁 27。
11 張庚，〈開放劇目與推陳出新〉，《戲曲研究》1957 年 4 期。轉引自《張庚文錄》2 卷（長沙：湖南文藝，2003 年），頁 343。
12 見傅謹，《20 世紀中國戲劇史》下冊，頁 163－167。

太機械了，錯是在這裡，並不是為政治服務錯了。」[13]文藝為人民大眾，為政治服務，文藝從屬於政治，這些〈在延安文藝座談會上的講話〉和第一次文代會已經確立的準則，以及「推陳出新」的戲改方針，其政策內容並無錯誤，而是執行上犯了教條主義的錯誤。這樣的教條大略可以分為政治意識形態的教條和文藝創作方法的教條兩類。

既然過去把思想性、人民性理解得太狹窄，把為政治服務理解得太機械，就應該糾正這種僵化的教條主義觀點，以免戲曲工作過於粗暴，把戲曲劇目都革掉了，導致藝人無戲可演。1956 年 6 月，張庚在第一次全國戲曲劇目工作會議上的專題報告中，直接批評了統治階級無好人，勞動人民沒壞人的「唯成分論」人民性觀點，他指出：

> 衡量一個劇目中有無人民性，決不能單單抓住其中所肯定或否定的人物的階級成分或社會成分來予以強調。那種不問具體情況，認為只要寫了好的勞動人民，醜化了統治階級就是有人民性，反之就沒有人民性的衡量標準是完全片面的，因而也就是完全錯誤的。依照這種標準，《十五貫》就可被定為一個反人民的劇本了，因為它既寫了好官況鍾，又寫了壞的普通人民婁阿鼠。[14]

張庚判斷：「這種唯成份論的說法是危險的，是可以引出

---

13 張庚，《張庚文錄》2 卷，頁 346。

14 張庚，〈正確地理解傳統戲曲劇目的思想意義〉，《文藝報》1956 年第 13 期。轉引自《張庚戲劇論文集（1949－1958）》（北京：中國社會科學，1981 年），頁 227。

藝術上完全荒謬的結果來的。」他認為，根據這種論點推論下去，「勢必至於一個階級只有一種典型人物，勢必至於劇中人物高度的概念化；再則把階級鬥爭的複雜圖景簡單化成為一邊是壞人──統治階級，一邊是好人──勞動人民和一切被壓迫者，勢必至於使得劇本內容高度的公式化。」[15]也就是這種「把為政治服務理解得太機械」，勢必擠壓到藝術真實、戲劇真實的空間，使得戲劇簡化為政治口號的宣傳，劇中人物概念化，劇本內容公式化、空洞化。張庚事實上是為藝術中「活潑生動、形象而具體的東西」請命，為藝術中能真正打動人心的感性形式發聲。

除了「唯成分論」，另一妨礙戲曲生存發展的是關於傳統劇目是否「宣傳封建思想」的問題。張庚在報告中提到：「又有一種看法，認為凡是忠孝節義的詞句，或有關忠孝節義、殺妻、休妻、二妻的戲都不能演，因為這些都是『宣傳封建思想』，而宣傳封建思想自然是沒有人民性的。」[16]針對傳統戲中封建思想的問題，張庚如此為其辯護：

> 戲裡的忠、孝、節、義這類詞句，固然有基本上是表達封建思想的，但在某些地方也不是沒有包含一些人民的思想。……秦香蓮在《闖宮》那場戲中罵陳世美，仍是罵他「不忠不孝不仁不義」，《琵琶記》中張大公罵蔡伯喈也是罵他「三不孝」。《三上轎》所以感人的也還是那有人民性的「節」。至於《楊家將》、《精忠記》這類戲

---

15 同上註，頁226。
16 同上註，頁227。

的人民性，正是表現在那與「奸」尖銳對比起來的
「忠」。[17]

他認為分析劇本時，如果實事求是地看，而不是「從字面
出發、概念出發」，就會瞭解，「在那個時代，人民還不得不運
用封建統治階級所運用的帶有濃厚封建氣味的語言來表現自
己的思想。」[18]因此，傳統戲裡表面上看來像封建道德思想的
詞語，事實上仍然包含了一定的人民性。

有些傳統戲的罪狀是沒有反映「歷史的基本矛盾」，因為
戲中主要人物都是「帝王將相、才子佳人」等統治階級，也被
指控沒有人民性。這個問題，張庚認為「必須對具體作品進行
具體分析，才能夠說清楚。」他解釋：「人民對待統治階級並
不是簡單地一概反對的，他們贊成那些符合於或比較符合於人
民利益的，反對那些違反人民利益的。」舉例來說，「《十五貫》
中的三個官，人們對他們就有不同的看法。更顯著的，岳飛與
秦檜，顯然是一個辦的事符合於人民的意願，一個剛剛相反。
楊家將和潘洪之間也有這同樣的區別，因此，人民對他們採取
了完全不同的態度。」[19]在其他表現封建統治階級生活的戲中，
也同理可證：

> 對於嚴嵩、嚴世藩父子，人民也是把他們和秦檜同樣看
> 待的，在戲曲中，總是要弄得他們狼狽不堪才滿意。《打
> 嚴嵩》是如此，《鬧嚴府》也是如此。《打金枝》也有類

---

17 同上註，頁 228。
18 同上註，頁 228。
19 同上註，頁 229。

似的情形，人民對於郭子儀是有好感的，因為他平定了
多年的戰亂，使人民得以過和平的生活，因此總希望把
他的家庭描寫得幸福些。[20]

接著張庚總結他對於「人民性」的寬鬆解釋，認為只要是
站在勞動人民立場的劇目，就具有人民性，就有資格在舞臺上
演出，不管它「采取的是什麼方式，運用的是什麼題材」：

> 「人民性」並不是如有些人所理解的那麼狹隘，只從正
> 面來反映階級的基本矛盾；也不如有些人所理解的那麼
> 簡單，必須把任何統治階級人物描寫成壞人，而將每一
> 個勞動人民描寫成好人；更不是如有些人所理解的那麼
> 片面，認為只要其中有了某些帶封建色彩的字樣或情節
> 就是反人民的。人民性在一個劇目中的表現，是那貫串
> 全劇的思想、感情、願望、見解、態度屬於人民，為人
> 民著想，替人民說話。至於所采取的是什麼方式，運用
> 的是什麼題材，那是可以多種多樣的。[21]

張庚對於「人民性」的解釋，也可由 1950 年代訪華考察
的蘇聯木偶戲大師奧布拉茲卓夫（С.Сбраэцов）的見解作為佐
證，他以為不能把中國傳統戲劇看成「僅僅是帝王和封建貴族
們的玩物」，理由就是戲曲普及的程度，「從來沒有哪一個封建
階級或非封建階級的貴族、哪一個特權階級或特權階層會需要

---

20 同上註，頁 229。
21 同上註，頁 229－230。

兩千個劇院。」[22]

第一次劇目工作會議之前一個月,藉著崑曲《十五貫》獲得國家領導人稱讚、成為「百花齊放,推陳出新」榜樣的機會,以張庚為代表的文化官員和文藝界人士,終於找到維護傳統戲曲的理由:「社會主義革命非常需要民族遺產,特別重要的是要去掉過于執。」[23]他們批評關於戲曲工作的「過于執」,也就是各種教條:

> 在劇目整理工作上據說有十大戒律,出鬼不行,古人有兩個老婆違反婚姻法,演婁阿鼠之類的人物怕侮辱勞動人民,屬於封建統治階級的文官武將不許有好人,封建文人寫的作品要不得,演歷史劇不許涉及民族問題,描寫古人的孤忠苦節是宣傳封建道德,涉及男女相愛悅的戲就是色情下流等等。[24]

戲曲工作者將建政以來劇目貧乏現象,歸因於庸俗社會學的盛行,其表現是:「不恰當地強調藝術為政治服務,抹煞藝術的規律而去追求直接的宣傳效果。於是有人把傳統戲曲遺產視為『封建尾巴』,應一刀砍掉,只准上演現代戲;或者在傳統劇目中拔高其主題,外加『思想性』,生硬地貼上一些階級的標籤和配合政治任務的標語口號。」[25]張庚曾提及當時戲改

---

22 謝・奧布拉茲卓夫著,林耘譯,《中國人民的戲劇》(北京:中國戲劇,1985年),頁7。

23 〈反對戲曲工作中的過于執〉,社論,《戲劇報》1956年第6期,頁4。

24 同上註,頁5。

25 張庚主編,《當代中國戲曲》,頁42。

工作普遍的缺點和錯誤：「粗暴地禁戲改戲，片面強調配合當前政治任務而不注意、甚至完全不注意戲曲藝術本身的發展；不顧實際情況脫離傳統地強調『改革』；不依靠藝人，而用包辦代替的辦法進行工作等等。」[26]他認為之所以產生這種現象，「關鍵問題在於急，巴不得戲曲馬上完全掃清封建的糟粕，立刻成為嶄新的社會主義文化。」[27]這些戲曲工作領導幹部的動機是好的，但沒有充分考量實際情況，他們將戲曲視為封建文化，必須迅速加以改造，使其成為社會主義的新文化。「改造的唯一法門，就是讓它立刻表現現代生活。」[28]在盲目學習蘇聯與西洋文化的教條主義指導下，只是教條地去理解和要求「藝術要反映生活現實，現代的藝術應當反映現代生活」，就會產生執行層面的偏差：

> 首先就會不問劇種和劇團的實際條件如何，一律要求它表現現代生活。其次是不問在創作上有多少技術困難，一律要求立刻表現現代生活。第三是要表現現代生活，那就必須立刻表現新英雄人物、工業建設、重大的題材，否則就算沒有表現出現代生活的本質，就不算真正的新。[29]

令人啼笑皆非的像是「某劇團為了配合生產任務，把《女

---

26 張庚，〈反對用教條主義的態度來「改革」戲曲〉，《文藝報》1956 年第 13 期。轉引自《張庚戲劇論文集（1949－1958）》，頁 244。
27 同上註，頁 245。
28 同上註，頁 247。
29 同上註，頁 247。

起解》中蘇三的兩句唱詞『蘇三離了洪洞縣,將身來在大街前,』改為『蘇三離了洪洞縣,急急忙忙去生產。』」然而,舞臺上的蘇三是穿著罪衣罪裙,戴著枷鎖鐐銬「去生產」的,觀眾看了以後打趣道:「蘇三大概是勞動改造去了。」評論者批評這種生硬地要求戲曲藝術直接配合政治任務的作法,「不僅會遭到觀眾的責難,不僅會阻礙戲曲藝術的發展,而且政治任務也完不成。」[30]這樣重教育輕娛樂的戲演多了,自然造成劇目貧乏,觀眾人數不斷下降。

　　同樣的情況也發生在另一齣蘇三的戲:「有一個地方把《三堂會審》中蘇三的唱詞『十六歲開懷……』改成『十八歲』,為了符合婚姻法。」而缺乏政治意義的《秋江》則「硬給潘必正和陳妙常加上一些『愛國思想』,當陳妙常追上潘必正之後,並不和平常演出的《秋江》一樣隨著他一路同走,卻鄭重其事地向他說了一篇必須切記國恨家仇的話便原船轉回。」張庚對此評論:「造成清規戒律的另一個思想根源,就是對於藝術的特點不理解,對於藝術教育作用的不理解。……給某些劇目生硬加入『思想』,使它能『教育』觀眾。這種做法常常粗暴地破壞了傳統劇目的藝術。」[31]郭漢城也批評某些戲曲工作者整理改編傳統劇目時,「不管這一劇目原有的基礎,卻生硬地想把某種思想加進去,以為這樣可以提高作品的思想性,結果往往事與願違,不是把思想與形象割裂開來,就是把原基礎全部

---

30 見沈嶢,〈讓蘇三回到「大街前」來〉,《戲劇報》1956 年第 7 期,頁 15。

31 張庚,〈正確地理解傳統戲曲劇目的思想意義〉,《文藝報》1956 年第 13 期。轉引自《張庚戲劇論文集(1949－1958)》,頁 231。

推翻；不僅丟掉了糟粕，連精華也一齊丟掉了。」[32]

再者，另一扼殺戲曲藝術的緣由是「否定藝術的浪漫主義因素，不允許幻想，不允許誇張，不允許創造，把藝術特有的有力武器給繳了械。」鬼戲的問題尤其嚴重，因為「據說舞臺上的鬼都是迷信的，都是宣傳宿命論的。」張庚特別提到《紅梅記》中的李慧娘，聲稱其不是宣傳宿命論和迷信的鬼。他說：「事實證明，李慧娘的鬼改成人以後，悲劇的氣氛消失了，戲就不感動人了。」而《牡丹亭》中的杜麗娘也曾被改成「既不死也不還魂，只是假死、假還魂」。如果不解決視所有鬼戲為迷信的問題，「那麼我國最富於幻想、最美麗的戲曲《牡丹亭》就沒有法子恢復它的舞臺生命。」[33]

為了矯正戲曲改革前幾年粗暴的作風，破除「教條主義」的思想，張庚試圖將戲曲的思想性和藝術性加以區分，並為說服戲曲工作者保護戲曲而將其「人民性」和封建統治階級的意識形態分開：

> 就拿戲曲來說，其中有意識形態的成分，也有純技術的成分和創作法則的成分，這些都是歷代藝人在舞臺勞動中長期累積下來的成果；就在意識形態的成分中，也不是簡單地只反映了封建統治階級的思想、感情、意志和願望，由於戲曲在封建社會中存在的具體歷史情況是長期生長在人民群眾中間，毋寧說它的人民性是非常豐富

---

32 郭漢城、俞琳，〈推陳出新，古為今用——略談十年來戲曲傳統劇目的整理改編〉，《劇本》1959 年第 10 期，頁 23。

33 張庚，《張庚戲劇論文集（1949－1958）》，頁 233。

的，有許多戲中所表現的人民的傾向性是非常強烈的。
[34]

據此，張庚提出他的疑問：「對於戲曲，究竟能否簡單地歸入封建社會的上層建築是很值得討論的。」[35]郭漢城也認為，「戲曲雖然也是一種上層建築，它必須適應著基礎的改變而變化，但它的變化有一個特點，就是總不能脫離自己的傳統，而這個傳統是幾百年來連綿不斷的。」[36]亦即肯定社會主義時期的新戲曲也應該繼承戲曲的傳統。

另一方面，張庚為了淡化戲曲工作中對「人民性」和「階級性」的強調，他聲稱傳統戲曲中的色情兇殺戲是世界上所有階級都反對的：

> 如《殺子報》、《海慧寺》、《雙釘記》等。這些戲描寫了並在舞臺上表現了淫蕩、色情和兇殺，通過表演使之形象化了。這種戲不僅新社會的輿論說它不好，而是自有這些戲以來就該認為是壞戲，因為這些戲不是對某階級有妨礙，而是對整個的社會和人類有壞處。

> 這些戲並不因開禁而成為好戲，它無疑的永遠是最壞的戲。就是全世界也反對這類東西。如美國的黃色書刊和

---

34 張庚，〈反對用教條主義的態度來「改革」戲曲〉，《文藝報》1956年13期。轉引自《張庚戲劇論文集（1949-1958）》，頁245。

35 同上註。

36 郭漢城，〈有關傳統劇目教育意義的幾個問題〉，《文藝報》1959年19-20期。轉引自郭漢城，《戲曲劇目論集》（上海：上海文藝，1981年），頁36。

電影，就遭到了全世界的反對，包括保守頑固的英國在內。美國的阿飛舞，全世界輿論也在反對。因為這類東西是破壞人類正常的健康生活的。[37]

這等於是宣稱世上存在所謂超階級的道德觀念，加上「戲曲不能簡單歸入封建社會的上層建築」的論點，明顯與馬列主義和毛澤東思想相違背，這樣的觀點便為 1959 年後的遭受批判埋下了伏筆。

第三節 「社會主義現實主義」的 進一步教條化

1957 年的「反右派鬥爭」中斷了 1956 至 1957 年上半年的「雙百運動」，1958 年的「大躍進」運動促進戲曲現代戲繁榮的同時，也致使「左」傾的政治意識日益嚴重。1959 年 8 月中國共產黨八屆八中全會後，黨內開展了一場批判和打擊所謂「右傾機會主義分子」的鬥爭，[38]張庚此前關於戲曲中忠孝節義思想也有人民性等言論，被當成沒有階級觀點的例證，組織文章進行批判，張庚不得不寫文章檢討。[39]從 1959 年冬到 1960

---

37 張庚，〈開放劇目與推陳出新〉，《戲曲研究》1957 年 4 期。轉引自《張庚文錄》2 卷，頁 344－345。

38 見胡華主編，《中國社會主義革命和建設史講義》（北京：中國人民大學，1985 年），頁 188。

39 見安葵，《張庚評傳》，頁 193。

年第三次文代會召開前後，文藝界又發動針對「修正主義」文藝思想的批判運動，[40]其中受批判觀點主要是「人情」論、「人性」論、「人道主義」等。[41]1960 年，「《戲劇報》為了抓右傾的典型」[42]，把他們關於「推陳出新」的各種主張作為靶子，文藝界展開了對於張庚和郭漢城戲曲觀點的批判。[43]張庚和郭漢城對於傳統劇目中「封建道德」的寬鬆標準，以及近乎人性論和階級調和論的觀點，毫無懸念地遭受批判。這場接近一面倒的論爭中，「人民性」是最重要的關鍵詞。

「人民」的涵義是什麼？毛澤東於 1942 年〈在延安文藝座談會上的講話〉表明，文藝是為了人民大眾的，人民大眾包括「工人、農民、兵士和城市小資產階級」。[44]1949 年的〈論人民民主專政〉一文中說，人民「在中國，在現階段，是工人階級、農民階級、城市小資產階級和民族資產階級。」[45]而 1957 年在〈關於正確處理人民內部矛盾的問題〉一文中說：「人民這個概念在不同的國家和各個國家的不同的歷史時期，有著不同的內容……在現階段，在建設社會主義的時期，一切贊成、

---

40 見葛一虹主編，《中國話劇通史》（北京：文化藝術，1990 年），頁 414。

41 見童慶炳，〈第三編第一章 「十七年」時期文學思想發展概說〉，童慶炳主編，《20 世紀中國馬克思主義文藝理論研究》（北京：北京大學，2012 年），頁 294－295。

42 張庚，〈後記〉，《張庚戲劇論文集（1959－1965）》（北京：文化藝術，1984 年），頁 343。

43 見田本相主編，劉方正著，《中國戲劇論辯》下冊（戲曲部分），頁 746－747。

44 毛澤東，〈在延安文藝座談會上的講話〉。轉引自《毛澤東論文藝》，頁 59。

45 毛澤東，〈論人民民主專政〉，《毛澤東選集》4 卷（北京：人民，1991 年，2 版），頁 1475。

擁護和參加社會主義建設事業的階級、階層和社會集團，都屬於人民的範圍。」[46]然而〈在延安文藝座談會上的講話〉也提出文藝為工農兵服務、要站在無產階級立場的要求，[47]所以，建政初期的「人民」最主要的是工農群眾（兵士主要從農民中來），放在古代，就是與封建統治階級相對立的被統治階級。

張光年曾論述傳統戲曲中「人民性」與現實主義的關係：

> 戲曲藝術的現實主義和它的人民性有著不可分解的關係。戲曲的人民性是其現實主義的基礎。我國的戲曲藝術，絕大部分是人民或人民的藝術家所創造，因而具有不同程度的人民性。……戲曲藝術既然是人民或人民的藝術家所創造，就不可能不表現人民的思想、感情和願望，不可能不描寫人民的生活並且以人民的眼光來觀察和描寫社會各階層的生活，且通過人民的語言、人民喜愛的藝術形式來表現它們；這就是戲曲的人民性。同時，戲曲既然要表現人民的思想、感情和願望，就必然要求忠實於生活，要求真實地反映生活；因此，人民的藝術往往要求一種適於反映人民生活的藝術創作方法，藝術的人民性往往要求藝術方法上的現實主義來適

---

46 毛澤東，〈關於正確處理人民內部矛盾的問題〉，《毛澤東選集》5 卷（北京：人民，1977 年），頁 364。
47 毛澤東，〈在延安文藝座談會上的講話〉。轉引自《毛澤東論文藝》，頁 60－62。

應它；而現實主義的方法也經常引導藝術家和當時人民
的思想感情相結合。[48]

他提出了「戲曲的人民性是其現實主義的基礎」，亦即保
證了傳統戲曲的政治正確，並加以解釋戲曲的「人民性」是「表
現人民的思想、感情和願望」，「描寫人民的生活並且以人民的
眼光來觀察和描寫社會各階層的生活，且通過人民的語言、人
民喜愛的藝術形式來表現它們」；也就是說，傳統戲曲大都是
為勞動人民服務，站在勞動人民立場的。不過，張光年也指
出，「在估計戲曲遺產中的人民性及其現實主義傳統的時候，
必須同時估計到它的封建性和非現實主義的一面；這也就是戲
曲的不良傳統的一面……人民性與封建性、現實主義與反現實
主義在同一劇目中互相交錯在一起的現象，是非常普遍的。」
[49]這不良的一面主要是「封建、迷信、色情和侮辱勞動人民
的部分」[50]，也就是戲改運動初期禁戲的主要理由。

1960 年戲曲關於「推陳出新」的論爭，批判者與被批判者
主要的分歧，就在於對「人民性」的解釋寬狹不同，而且聚焦
於「封建道德有沒有人民性」的問題。

從馬列主義出發，朱卓群認為「人民性」一詞有著具體內
容：「人民性，是一種人民的政治見解，是人民對歷史、對社
會的看法的表現。反對階級壓迫是人民性，向反動統治階級要

---

48 張光年，〈戲曲遺產中的現實主義〉，《戲劇的現實主義問題》，頁 18
　　－19。
49 同上註，頁 21－22。
50 同上註，頁 22。

求民主和自由是人民性，保衛吾土與吾民是人民性。」[51]他批評張庚在分析劇本時，「沒有注意所謂人民性是要從人民的立場出發」，也就是「沒有進行階級分析」。[52]

朱卓群舉《精忠記》裡的岳飛來說明：「岳飛確是忠君的，人民也確是歌頌他、愛戴他。但是人民所贊成他的，只是他堅決抵抗金兵入侵，保衛了人民的生命財產的行為，並不是贊成他忠君。」[53]也就是說，人民贊成岳飛的是他站在人民的立場保衛國家人民的行為，並不等於贊同他忠於帝王的擁護封建統治者的行為。同理，其他運用封建統治階級道德來抗爭的戲曲人物也可以如此看待：

> 秦香蓮在向陳世美鬥爭的時候，利用了「不忠、不孝、不仁、不義」等封建階級的道理（而不是「封建時代的道理」）來罵陳世美，這是一種合法鬥爭的方式，人民贊成她的鬥爭，並不是就承認了她說的這些道理。如果秦香蓮不講這些道理，用別的方式來進行鬥爭，人民還是贊成的；如果秦香蓮只講這些道理，可是並不向封建統治階級的代表人物陳世美堅決鬥爭，那她的行為又有什麼人民性呢？……正像人民肯定《三上轎》裡的崔氏向惡霸進行的鬥爭，並不是肯定她「從一而終」的「節」一樣。[54]

---

51 朱卓群，〈從如何理解人民性說起──與張庚同志商榷〉，《戲劇報》1960 年 2 期，頁 29。
52 同上註，頁 27。
53 同上註，頁 28。
54 同上註，頁 28。

朱卓群表示,「不進行階級分析,根本不可能準確地看到傳統戲曲劇目中的人民性。」他認為張庚對《烏龍院》的分析出了問題,只有從階級觀點出發,才能看出宋江殺死閻惜姣,「並不只是有自衛的意義,也是為了梁山起義軍的革命利益。」[55]不能說戲曲中人物使用了封建道德來抗爭,就說劇中的人民認同封建道德,就說作品肯定封建道德,進而推論出封建道德也有人民性的一面。因為劇中人物的描寫是現實主義的,「既要服從歷史的制約性,又要服從性格的制約性」:

> 他們(筆者註:秦香蓮和張大公)罵陳世美和蔡伯喈的詞句和態度,既要服從歷史的制約性,又要服從性格的制約性,因此他們罵「不忠不孝不仁不義」和「三不孝」,正是很好的現實主義的性格描寫。崔氏和秦香蓮兩個人物有封建思想的表現,並不等於作品在肯定這種思想,不理解這一點,以為秦香蓮用「不忠不孝不仁不義」罵陳世美,就是作者在贊成「忠孝節義」,就是表揚秦香蓮的「忠孝節義」,顯然是不對的,不能夠說,這些封建條條在某一事,某一時被人民利用來進行反抗,就證明這些條條本身也有人民性的一面。[56]

朱卓群指責張庚將人民性和封建性的觀念混淆起來:「張庚同志正是由於肯定《楊家將》和《精忠記》,就把「忠」這種封建思想也肯定起來,由於肯定《三上轎》,就把「節」也

---

55 同上註,頁 29。

56 朱卓群,〈不要混淆人民性和封建性的政治界限——再評張庚同志「忠孝節義有人民性」的論點〉,《戲劇報》1960 年 5 期,頁 34。

肯定起來了。」[57]對於張庚「忠、孝、節、義這類的思想，固然有封建性的一面，但也不是沒有人民性的一面」的意見，他反問：「忠孝節義該算作哪一階級的世界觀呢？世界觀難道可以一面是封建統治者的世界觀，一面又是被統治者——人民——的世界觀麼？」[58]確實，依照當時主流政治理論的標準，張庚這種不強調階級性的觀點很難得到支持。

同樣批判張庚觀點缺乏階級性的還有李寅，他說張庚在〈正確地理解傳統戲曲劇目的思想意義〉一文中，「片面地強調了反對『唯成份論』，而相對地抹煞了以階級分析作為觀察階級社會中一切社會現象和社會成員的根本方法這一馬克思主義原則的作用。」[59]他認為張庚這種想法是「錯誤的，危險的」，其危險「不僅在於使人們對劇目不能作正確的認識，而且抹煞了藝術的階級性，宣揚了資產階級對待歷史的唯心主義的觀點。」[60]

李寅承認古代中國人民也有「忠、孝、節、義等等的道德觀念」，但他以為其內涵與封建統治階級截然不同：

> 張庚同志沒有認識到「在現實中，每一階級，甚至每一行業，都各有各的道德」（恩格斯語。見《費爾巴哈與德國古典哲學的終結》）。作為意識形態的道德觀念，是有其階級性的。不同階級的道德觀各有其不同的標準，

---

57 同上註，頁 34。
58 同上註，頁 35。
59 李寅，〈「推陳出新」與正確對待戲曲遺產——兼評張庚同志的若干論點及其他〉，《戲劇報》1960 年 7 期，頁 23。
60 同上註，頁 24。

有其不同的內容。由於被壓迫階級的地位和壓迫階級的
地位是對立的,所以被壓迫階級也制定了與壓迫階級的
統治地位的道德相反的自己特有的道德原則,自己的善
和惡、正義和非正義、好和壞的觀念。中國封建時代的
人民是也有其忠、孝、節、義等等的道德觀念的,但與
封建統治階級的這一類道德觀念有不同的內容和標
準。[61]

李寅的意思是,古代人民的道德觀念雖然也命名為「忠、
孝、節、義」,其內容和標準卻與封建統治階級的道德迥然不
同,是站在人民自身立場的。

李寅宣稱「忠、孝、節、義」在古代人民的一方有著不同
於統治階級的涵義,但是容易與張庚的論點相混淆,即「忠、
孝、節、義」既有封建性又有人民性。因此,釜底抽薪的做法
應該是:完全否定「忠、孝、節、義」等道德具有人民性。馮
其庸就是這麼做的。他指出,張庚認為忠、孝、節、義等道德
觀念:

是沒有階級性的。它既不是封建統治階級的意識形態,
也不是勞動人民的意識形態,所以它既可以被統治階級
「利用」來統治人民,也可以被勞動人民「利用」來反
抗統治階級。這就是說忠、孝、節、義等道德觀念,是
全人類的超階級的先驗的一種東西,它是不依賴社會階
級而超然地純客觀地獨立存在的一種意識形態。在這

---

61 同上註,頁25。

裡，張庚同志把馬克思主義社會存在決定社會意識的唯
物主義的哲學原理，倒立了起來，變成了社會意識決定
社會存在。[62]

　　亦即，張庚的論點不但將忠、孝、節、義等道德觀念去階
級化、去意識形態化，還顛倒了唯物史觀的理論基礎，改變成
社會意識決定社會存在。

　　馮其庸承認，戲曲中的秦香蓮確實是罵過陳世美「不忠、
不孝、不仁、不義」。但他問道：「這是劇作者本身受了封建思
想影響的反映，還是劇作者為了表現在一定歷史條件下的秦香
蓮本身所受到的封建思想的影響？劇本的人民性，主要是看它
總的思想傾向，還是簡單地歸結到這句話的身上？」[63]他認為
《秦香蓮》之所以是一齣優秀劇目，其原因在於：

　　作者極為深刻地揭露了統治階級壓迫人民的罪惡，塑造
　　了一個富有強烈的反抗性格的勞動婦女的形象（秦香
　　蓮），和另一個富有正義感的能在相當的程度上為人民
　　利益（當然其最終目的是為了鞏固封建政權）而鬥爭的
　　封建官僚（包拯），並且歌頌了她（他）們的鬥爭的正
　　義性和最終的勝利，因而在一定程度上鼓舞了人民的鬥
　　爭意志。[64]

62　馮其庸，〈評張庚同志對封建道德的錯誤觀點〉，《戲劇報》1960 年 Z2
　　期（19－20 期合訂本），頁 60。
63　同上註，頁 61。
64　同上註，頁 61。

　　至於秦香蓮所說的「不忠、不孝、不仁、不義」，只是「為
了歷史地具體地刻劃秦香蓮這個人物的性格，對於這個戲的主
題思想，並不起什麼巨大的積極意義。」[65]「忠、孝、節、義」
等封建道德終究不具有人民性，在劇中也無法產生積極正面的
思想意義。

　　另外說到《楊家將》和《精忠記》兩齣戲，馮其庸承認，
確實其中有「忠」的道德思想。然而他反問：「是否因此就可
以說『忠』這個封建道德觀念本身，就具有兩面性，即既有封
建性又有人民性呢？」[66]馮其庸的答案是否定的。因為：第一，
這兩齣戲激動人心的是「它的強烈的愛國主義和反侵略思想」，
如果把它「僅僅看作是一個『忠』字，一種封建統治階級的道
德觀念，是極端錯誤的」；第二，岳飛、楊家將等人的「忠」
之所以在客觀上產生積極作用，是因為當時統治階級與勞動人
民的利益在特定的歷史條件下暫時達成一致。「所以當他們
『忠』於統治階級，堅決地抗擊敵人的時候，客觀上也就有利
於人民，而不是『忠』這個封建道德觀念的本身居然具有人民
性的一面。」[67]他總體評價張庚缺乏階級分析的人民性觀點，
「實質上是在歷史唯物主義的名目下，宣揚和美化封建道德，
他的『理論』的核心，仍然是資產階級超階級的人性論。」[68]溫
凌也批判張庚和郭漢城以藝術結構評介作品，是「離開了階級
分析，抽象地進行性格分析，認為性格寫得越複雜越好，把它

---

65 同上註，頁 61。
66 同上註，頁 62。
67 同上註，頁 62。
68 同上註，頁 63。

看成決定因素，其結果，必然要削弱或歪曲戲劇藝術的目的性。」[69]

張庚對於封建道德、迷信、色情、兇殺等內容的傳統戲曲去階級化，或說超階級化的，不以人民性去解釋的論點，也遭到文藝界人士的攻擊。

朱卓群質問張庚：「果然任何社會都反對色情戲、全世界都反對色情戲嗎？那麼，色情戲出現在什麼社會裡面呢？張庚同志說封建社會的人都說迷信戲好，這個『人』又是什麼人呢？」他認為張庚「不進行階級分析，根本不可能準確地看到傳統戲曲劇目中的人民性。」[70]李寅則批評張庚的文章，把包括壞戲等有色情暴力內容的文化產品說成與「反動、沒落、腐朽」的封建統治階級和資產階級無關，「好像真的有一種超階級的藝術；好像凡是破壞人類正常的健康生活的社會現象就不論什麼階級的人都同樣反對。」他指責這是違反了歷史唯物主義（唯物史觀）。[71]

南開大學中文系地方戲研究小組也將色情兇殺戲與剝削階級連繫在一起：

> 色情兇殺戲，正是這些飽食終日無所事事的剝削者的精
> 神空虛以及變態心理的表現，是剝削階級的極端腐朽的

---

69 溫凌，〈人性・性格・階級性——駁郭漢城同志的人性論觀點〉，《戲劇報》1960 年第 5 期，頁 41。

70 朱卓群，〈從如何理解人民性說起——與張庚同志商榷〉，《戲劇報》1960 年第 2 期，頁 29。

71 李寅，〈「推陳出新」與正確對待戲曲遺產——兼評張庚同志的若干論點及其他〉，《戲劇報》1960 年第 7 期，頁 24。

人生觀在藝術中的反映。統治階級製造它，欣賞它，並且用它毒害勞動人民、消磨勞動人民的鬥志，這便是反動藝術作為統治人民工具的具體表現。[72]

他們批評：「在階級社會中，人們分屬於不同的階級，處於不同的階級地位，過著不同的階級生活，根本不存在什麼人類共同的『正常的健康的生活』。」「張庚同志不顧這一事實，說色情兇殺戲破壞了『人類正常的健康的生活』，顯然是對生活的歪曲，是把剝削階級與被剝削階級的生活混為一談。」[73]

張庚關於戲曲是否屬於封建社會的上層建築的疑問，同樣也受到各方的質疑。

劉皓然首先申明：「戲曲是一種藝術，屬於上層建築的意識形態部分；上層建築一定要適合經濟基礎和生產力發展的需要。這是馬克思列寧主義原理之一，是不容懷疑的，因而也沒有什麼需要討論的。」[74]他懷疑，「似乎他（張庚）是有意要把戲曲說成不是上層建築的組成部分」，接著反駁張庚道：

> 每個戲曲節目，都是文藝作品，都是「觀念形態」或者如張庚同志所說的「意識形態」。既是「觀念形態」或「意識形態」，它不屬於上層建築又屬於什麼呢？至於戲曲中的「技術」、「創作法則」，那是不能把它們割裂

---

72 南開大學中文系地方戲研究小組，〈階級界限不容抹煞──評張庚同志對色情兇殺戲的錯誤觀點〉，《戲劇報》1960年第8期，頁28。

73 同上註，頁28。

74 劉皓然，〈堅持戲曲工作的不斷革命精神──駁張庚同志《反對用教條主義的態度來「改革」戲曲》一文中的若干論點〉，《戲劇報》1960年第22期，頁29。

開來孤立地看待的。因為任何藝術當中都包含著技術和創作法則，並非傳統戲曲所獨有。而在運用技術和創作法則進行藝術創作的時候，世界觀又是起指導作用的。難道世界觀不是屬於意識形態嗎？[75]

確實，按照馬克思主義的規定，張庚所謂戲曲不應簡單歸於封建社會的上層建築的主張很難站得住腳。雖然他用心良苦地保護傳統戲曲，畢竟產生於封建社會的戲曲必然帶有封建社會的意識形態，必然有太多與馬列主義相扞格的傳統思想觀念，如果簡單地將私大林在〈馬克思主義與語言學問題〉中所提出的命題「當基礎發生變化和被消滅時，那末它的上層建築也就會隨著變化，隨著被消滅」當作教條，[76]大量的傳統劇目便逃不過被禁的命運。然而，劉皓然懷疑張庚的說法蘊含否定戲曲改革的目的，「如果不是為要得出戲曲『不是封建社會的上層建築，而是社會主義社會的上層建築』的結論，以便取消戲曲改革的話，那麼，起碼也會引起思想混亂，使一些人對於批判地繼承戲曲傳統的方針和戲曲改革的政策發生懷疑。」[77]

袁初則批評，在〈試論戲曲的藝術規律〉[78]一文中，張庚「脫離了戲曲藝術的思想內容，只從形式上的諸『因素』，來

---

75 同上註，頁 29。
76 張庚，《張庚戲劇論文集（1949－1958）》，頁 245。
77 劉皓然，〈堅持戲曲工作的不斷革命精神──駁張庚同志《反對用教條主義的態度來「改革」戲曲》一文中的若干論點〉，《戲劇報》1960 年第 22 期，頁 29。
78 原載《戲曲研究》1957 年第 2 期。參見張庚，《張庚戲劇論文集（1949－1958）》，頁 267－284。

研究戲曲藝術的形成的；同時，他又是脫離了社會現象，孤立地來研究戲曲藝術現象的。」他強調，「戲曲藝術屬於意識形態的範疇，是經濟基礎的上層建築，它不能不反映基礎的狀況。」因此，袁初認為，要研究戲曲的藝術規律，就不能脫離戲曲藝術發生、發展的社會及歷史的原因來研究。而與此相反，「張庚同志的研究態度，實際上是把藝術現象孤立於社會現象之外，從而取消了藝術與政治經濟的聯繫，抹煞了戲曲藝術的發展有其社會的、歷史的原因，抹煞了藝術形式決定於它所表現的思想內容。」[79]

朱卓群更批判，「張庚同志誇大了人民性的範圍，誇大了人民性的意義，」因而對歷史題材的戲曲劇目有著錯誤的估計，「從而認為我們只要把傳統劇目加以選擇、整理，取其精華，就可以建設成社會主義的新戲曲，就可以使這些劇目成為『富於現代精神的嶄新的劇目』（見〈戲曲獲得了新生命〉）。」因此，他認為張庚的主張有取消戲曲現代戲的傾向。[80]朱卓群指出，所謂的「現代精神」就是社會主義和共產主義精神，「只有表現現代人民生活的戲曲劇目才有可能具有『現代精神』」，至於傳統戲中具有人民性的部分，「只不過是宣傳了民主主義思想，最多只可稱之為社會主義思想的萌芽，怎麼能夠表現我們的『現代精神』呢？」[81]張庚將戲曲工作重點放在傳統戲曲

---

79 袁初，〈必須正確認識藝術與政治的關係〉，《戲劇報》1960 年第 17 期，頁 30。

80 朱卓群，〈從如何理解人民性說起——與張庚同志商榷〉，《戲劇報》1960 年 2 期，頁 29。

81 同上註，頁 29。

直接改造為社會主義新戲曲的企圖，不可避免地遭受挫折。

　　經過一番批判之後，張庚和郭漢城一面為自己辯解，一面則部份承認論述中的錯誤，修正了他們關於推陳出新和淡化階級性的論點。

　　張庚為自己「忠孝節義有封建性一面又有人民性一面」的論點辯護，他說：「我的原意並不是朱、李二同志理解的那樣：一種道德標準既屬於封建階級，又屬於人民，而是說，人民和封建統治階級雖然有不同的道德標準，卻共用著忠孝節義等名詞來表現。」[82]然而他仍堅持「評判一個劇目的是否有人民性不能從它中間帶不帶忠孝節義這些字眼而定，卻要分析這些字眼後面所存在的解釋到底是人民的還是封建統治階級的而定。」[83]郭漢城也批評張庚籠統地說「忠、孝、節、義這類的思想，固然有封建性的一面，但也不是沒有人民性的一面」，是「沒有緊緊把握階級分析的方法，反而落到觀念論裡去了。」[84]他「用這種超社會超階級的道德標準去分析傳統戲曲劇目的人民性，就必然要陷入『人性論』的泥坑裡面。」[85]郭漢城承認自己的文章也犯過這樣的錯誤。

　　批判者們強調用階級分析方法來找出戲曲中人民性的觀點也影響了張庚，他認為不能對古代人民的思想和傳統劇目中的人民性估計過高，因為那時的勞動人民「還沒有形成自己階

82 張庚，〈推陳出新及其它〉，《戲劇報》1960 年 11 期，頁 33。
83 同上註，頁 35。
84 郭漢城，〈道德・人民性及其它——向張庚、朱卓群兩位同志就正〉，《戲劇報》1960 年 12 期，頁 31。
85 同上註，頁 31。

級獨立的思想體系」，傳統戲中的人民性在今天看來存在著局限性，其「不僅僅表現在劇中正面人物的思想上，而且還表現在劇作者的思想上。」所以他批評朱卓群聲稱幾齣傳統戲中人物的描寫是現實主義的，「既要服從歷史的制約性，又要服從性格的制約性」的說法，是「把封建時代的傾向人民的戲曲作者（其中包括民間作者和文人作者）的思想水準一般地估計過高了」。[86]郭漢城也批評朱卓群的論點，指出：「對《秦香蓮》這個戲中的秦香蓮，她的階級覺悟還沒有達到懂得向封建統治階級作合法鬥爭，即『以子之矛，攻子之盾』的程度，也是很顯然的。」「秦香蓮的鬥爭，正反映了封建時代人民的階級覺悟還不甚高的時候的鬥爭，這種鬥爭是正義的，所以我們同情贊成，同時也不因為同情贊成而不指出它的局限性，甚至加以過分誇大，那也是不對的。」[87]

張庚曾在 1956 年的文章〈反對用教條主義的態度來「改革」戲曲〉的附註中表示出一種保護傳統劇目，反對大修大改的傾向：

> 「戲曲改革」或「戲改」這個名詞，是在解放初期提出來的。那時的戲曲由於反動勢力的長期統治，形成了十分混亂與悲慘的情形，如不大力加以整頓是無法挽救局面的。那時針對著具體情況提出了「改戲、改人、改制」的「戲改」是完全必要的。但是從那時到現在已經七年

---

86 張庚，〈推陳出新及其它〉，《戲劇報》1960 年 11 期，頁 35。

87 郭漢城，〈道德‧人民性及其它——向張庚、朱卓群兩位同志就正〉，《戲劇報》1960 年 12 期，頁 32。

了，情況完全不同了。「改戲、改人、改制」的工作基本上已經完成了，戲改已經沒有了具體的內容。如果把「戲改」這個名詞搬用到戲曲藝術上的發展和提高上面來，那是很不妥的。現在已經看出這種毛病來了：什麼都要「改」，而藝術的發展是不能用「戲改」的方法去做的。因此，我提議取消「戲改」或「戲曲改革」這個名詞，而代之以戲曲工作、戲曲創作、戲曲整理、戲曲藝術等名詞。[88]

然而「推陳出新」論爭之後，張庚接受了批判者的意見，自我檢討，他承認:「傳統戲裡的人民性也有它時代的局限性，和社會主義的思想不能等同」，它的「人民性是在它主題思想中表達出來的民主要求，但也只限於民主要求。」[89]也就是說，傳統戲即使經過推陳出新，其內容即使有人民性、符合現實主義，仍然不能與社會主義的思想劃上等號，無法滿足當前時代的需求。因為，修改整理後的傳統劇目只是消極地不去違反馬列主義，卻不能積極地宣揚馬列主義。同時，張庚也嗅出政治風向的轉變，在這新的革命形勢下，此時需要的不是「一點一滴地發展」的「民主改革性質的戲改」，而是大刀闊斧地創造「社會主義的新戲曲」。[90]

張庚進一步認同對於戲曲遺產必須再批判的道理，以及按

---

88 張庚，〈反對用教條主義的態度來「改革」戲曲〉，《文藝報》1956 年 13 期。轉引自張庚，〈推陳出新及其它〉，《戲劇報》1960 年 11 期，頁 31。這段附註文字未出現於其他張庚的文集之中。
89 張庚，〈推陳出新及其它〉，《戲劇報》1960 年 11 期，頁 32。
90 同上註，頁 31。

照新時代觀眾的需要，變更傳統劇目人物、主題的必要性：
「我在 1956 年曾經發表過一個意見，其主要意思是改傳統劇目不要在它的主題之外隨便去加東西。1960 年的時候，李寅同志曾批評我說，這實際上是不許動。他的意見是對的。」「我們要使得一個傳統劇目能夠適應今天觀眾的需要，除了少數的例子之外，可以說大多數都不能不動它的主題，而其中不少的劇目往往是必須大動的。」[91]這等於否定了他在「雙百運動」期間，對於戲改工作中教條主義傾向的批評，認同了激進改革的路線。

郭漢城也改口承認，他從前離開具體社會歷史背景來評價戲曲作品，如對於蒲劇《薛剛反朝》和川劇《陽河堂》等的分析是錯誤的：「照我這種分析，仿佛寬恕是基於人們共同心理的一種美德，豈不是說道德還是人類的共性！」他表示，「用這種超社會超階級的道德標準去分析傳統戲曲的人民性」，就必然要陷入資產階級的「人性論」。[92]

小　結

這場 1956 年之後（1960 年尤為激烈）展開的「推陳出新」論爭，嚴格說起來還沒有上升到政治批判的地步，這可從張庚和郭漢城一方，與朱卓群、李寅、馮其庸、袁初、溫凌、劉皓然等批判者之間，文章中仍然可以相互辯詰，張庚和郭漢城並

---

91 張庚，〈推陳出新與整理傳統劇目〉，《戲劇報》1963 年 10 期，頁 26。
92 郭漢城，〈道德・人民性及其它——向張庚、朱卓群兩位同志就正〉，《戲劇報》1960 年 12 期，頁 31。

非沒有反駁餘地中看出來。

劉方正評價關於戲曲「推陳出新」工作的論爭的特殊貢獻，是它涉及了民族的傳統道德準則是否應該繼承，「民族特有的審美方式是否應該革新發展，以滿足人們新的審美需求的問題。」[93]吳乾浩則認為這場論爭，核心議題在於傳統戲曲中道德的階級性和繼承性。具體來說就是「在階級社會裡，道德是否有階級性，對立階級的道德觀念有無共同之處，剝削階級成員的某些美德是哪個階級的道德，還有封建道德有無兩面性，能否批判繼承等問題」，這些問題「本可以求同存異」，在爭論中促進藝術研究的深入，可惜當時政治環境日漸嚴酷，政治批判的氣味越來越濃，其中的學術討論也就無以為繼了。[94]

然而批判恐怕就是這場論爭的目的，朱卓群明確道出其政治意涵：「為什麼要作分析劇目的工作？很明顯，並不是為人民性而談人民性，其目的正是為了這種思想鬥爭的任務……對於戲曲遺產應該進行研究，但是這種研究工作，一定要同階級鬥爭的任務配合起來。」[95]

既然階級分析是為了思想鬥爭的任務，研究工作要同階級鬥爭的任務配合起來，那麼這場論爭的結論便很清楚了：戲曲藝術要為政治服務，為社會主義服務。然而傳統劇目推陳出新之後，能不能算是社會主義的文化還有爭議，能表現「現代精

---

93 田本相主編，劉方正著，《中國戲劇論辯》下冊（戲曲部分），頁 765。
94 見吳乾浩，〈第十七章 戲曲理論研究的開拓與深入〉，張庚主編，《當代中國戲曲》，頁 608。
95 朱卓群，〈不要混淆人民性和封建性的政治界限——再評張庚同志「忠孝節義有人民性」的論點〉，《戲劇報》1960 年 5 期，頁 36。

神」，直接為人民服務的，就只有戲曲現代戲了。張庚在遭受批判後坦承：「我曾經認為傳統劇目稍加整理，清除了糟粕之後，即可以算作社會主義的新文化。」然而，「這個問題現在有兩種意見，一方面肯定，一方面否定，我現在還沒有研究清楚到底怎樣說才對。」[96]光是將傳統劇目推陳出新肯定是不夠的，推陳出新還缺了什麼呢？張庚的心裡其實已經有了答案：「還要創造出塑造了現代先進人物典型的現代戲來。」[97]

　　整場「推陳出新」論爭，顯現出張庚和郭漢城等戲曲工作高層人士，起初利用 1956 至 1957 年「雙百運動」開放的氛圍，批評過去戲改運動中的教條主義傷害了戲曲的「百花齊放」，並試圖將戲改工作的重點放在傳統劇目的推陳出新，也就是說，他們較重視對於戲曲傳統的繼承。相對地，基於馬克思主義主張的生產力決定生產關係，上層建築要適合經濟基礎發展的需要，1960 年後的批評者們更偏重對戲曲傳統的批判，尤其強調對於傳統劇目的階級分析，正如朱卓群所言，「並不是為人民性而談人民性」，而是「為了這種思想鬥爭的任務」。換另一個角度來觀察，也可以這麼說，「雙百運動」時期將重心放在傳統劇目的推陳出新，使整編後的戲曲滿足社會主義現實主義的要求，反映歷史的現實即可，沒料到傳統戲經過整理改編後，其內容即使具有人民性，仍然不能表現「現代精神」，新編古裝劇也是同樣的情形，解決之道唯有發展戲曲現代戲，政治的要求遂升級至反映現代生活的現實。

---

96 張庚，〈推陳出新與整理傳統劇目〉，《戲劇報》1963 年第 10 期，頁 27－28。

97 同上註，頁 28。

第五章 「戲曲藝術革新」論爭：
現實主義話劇與戲曲眞實美學

　　1960 年 4 月 13 日至 29 日，中國文化部在北京舉辦現代題材戲曲觀摩演出，展覽從全國各地選拔出來的優秀現代戲。來自北京、上海、河北、河南、安徽、黑龍江、內蒙古的 10 個劇團演出了 10 齣現代戲。[1]其劇目包括豫劇《冬去春來》，滬劇《星星之火》，評劇《金沙江畔》、《八女頌》、《張士珍》，京劇《白雲紅旗》、《四川白毛女》、《巴林怒火》，盧劇《程紅梅》，曲劇《為了六十一個階級兄弟》等。[2]現代題材戲曲觀摩演出期間，中國文化部還同時舉行座談會，「對現代題材戲曲劇目創作和演出上的一些重要問題，如戲曲工作者如何進一步深入工農群眾，加強學習，改造思想，提高藝術技巧等問題進行討論和研究。」[3]

　　為了配合上述觀摩和座談，《戲劇報》於 1960 年 5 月新開闢了「關於戲曲藝術革新的討論」專欄，編者按語表明其用意：

1　見張庚主編，《當代中國戲曲》，頁 63。
2　見高義龍、李曉主編，《中國戲曲現代戲史》，頁 203。
3　英華，〈文化部舉辦現代題材戲曲觀摩演出〉，《戲劇報》1960 年 7 期，頁 18。

由於傳統表演藝術和新生活之間存在著一定距離，有的劇種距離小一些，有的就大一些，因此在表演藝術和新生活之間、繼承傳統和革新創造之間存在著矛盾。如何進一步革新戲曲的表演藝術（包括唱工、做工、音樂伴奏和舞臺美術），正確處理藝術和生活的矛盾，使戲曲在表現新生活上，形式和內容更和諧、更美好地結合起來，這就有待於戲曲界在實踐中不斷地總結經驗，交流經驗，進行研究探討，藉以集思廣益，更快更好地來克服戲曲藝術往前發展中所碰到的問題。[4]

也就是說，這次討論是為了解決戲曲創作和演出現代戲的問題。這一期專欄中的文章，只有馬彥祥〈試論戲曲表現現代生活和繼承戲曲藝術傳統問題〉和紅線女的〈解放思想，大膽創造，努力演好現代戲〉兩篇。

第一節　反映現代生活現實的要求與傳統形式的取捨

此專欄開篇的文章是馬彥祥的〈試論戲曲表現現代生活和繼承戲曲藝術傳統問題〉。文章開宗明義地談到：「在表現現代生活的戲曲中，究竟應該繼承什麼？是一切傳統都必須全部繼承呢？還是應該有所區別：某些傳統必須繼承，某些傳統可以

---

4 〈關於戲曲藝術革新的討論〉，專欄，《戲劇報》1960 年 10 期，頁 4。

繼承也可以不繼承，而某些傳統則是完全不需要繼承的呢？」[5]為了回答這些問題，馬彥祥將戲曲舞臺藝術的傳統分成兩類：第一類是戲曲藝術的基本特點，編劇方面主題鮮明、情節和唱詞說白簡練，表演方面動作精煉、節奏鮮明、目的明確，音樂方面樂器和唱腔具有獨特風格和地方色彩、曲調類型化等；第二類是「戲曲舞臺藝術的表現形式或表現手段」，大多為技術屬性。他認為，戲曲要表現現代生活，首先要繼承第一類的傳統，「不這樣做就會犯粗暴的錯誤」。至於第二類的傳統，「應該根據『古為今用』的原則，進行分析選擇，予以批判地繼承。必要繼承的繼承，不必要繼承的可以不繼承；其中，有些傳統甚至還需要堅決予以揚棄的。」[6]

第二類技術性的傳統，馬彥祥認為包括行當，上口、上韻的念白，各種程式化動作（包含虛擬動作），分場的編劇法，幕前戲（使用二道幕），上場念引子、定場詩和自報家門，以及響亮的打擊音樂等等，這一類傳統「都可以根據實際需要來決定。需要繼承的就繼承，不需要繼承的就不一定繼承，不能說因為不曾繼承其中某一種表現形式就是脫離了傳統。」[7]

馬彥祥指出，兩年來（1958—1960年）有不少戲曲現代戲的演出，然而特別是某些京劇，在表現方法上幾乎運用的都是傳統形式：

---

5 馬彥祥，〈試論戲曲表現現代生活和繼承戲曲藝術傳統問題〉，《戲劇報》1960年10期，頁5。
6 同上註，頁5。
7 同上註，頁7。

> 例如角色的表演還是從行當出發，即使演一個解放軍的
> 司令員，也不肯放棄走老生的台步，念白儘量保持著上
> 口、上韻，以馬鞭代表騎馬，拿著步槍打把子，舞臺上
> 盡量避免用景，在許多革命歷史劇中，幾乎無例外地要
> 運用走邊，跑圓場，跪步，搶背，吊毛，跌坐，烏龍絞
> 柱等技術，甚至老生角色還有「掛」髯口的等等。[8]

　　隔年，巴地撰文回應，他不同意馬彥祥認為傳統形式不能
表演現代生活的看法，反問：「是不是在戲曲舞臺上表現新人
物的時候，用了韻白、引子、跑圓場、跪步等形式，就會出問
題呢？我看也不一定是這樣。」[9]他認為，「問題可能是出在表
現現代生活時沒有從創造的需要來運用，而不出在是否運用了
傳統藝術形式。運用戲曲傳統藝術形式來表現新人物，有的用
的好，有的用的不好，其分別恐怕在於是否從創造的需要出發
來繼承，是否比較恰當地表現了人物。」[10]換句話說，不是戲
曲傳統形式不適合現代戲的問題，而是有沒有根據現代戲的需
要來繼承並轉化傳統形式。

　　馬彥祥認為，在表現現代生活的戲曲劇目裡，如果「念白
盡量保持著上口、上韻」，就會出問題；如果「都是念京白的」，
就沒有問題。巴地則說，「肯定或者否定韻白，肯定或者否定
京白，都不一定恰當。」並且舉了京劇《四川白毛女》中何長

---

8 同上註，頁 6。
9 巴地，〈戲曲藝術形式的繼承和創造——就正於馬科、馬彥祥同志〉，《戲
　劇報》1961 年 5 期，頁 26。
10 同上註，頁 26。

秀的念白和李少春在《白毛女》中扮演楊白勞的念白為例，指出他們念的不是韻白，也不是京白，「而是根據人物的需要，創造出來的新的念法——或者是創造性地運用了傳統中的「京韻白」，或者是用京字念韻白。」[11]

巴地又問道，趟馬、「以馬鞭代表騎馬」等表演程式，在表現現代題材的劇目中能不能使用？他舉了三個例子：京劇《林海雪原》中，「少劍波帶領著他的小分隊馳馬飛奔去搶救他的姐姐鞠縣長……解放軍戰士們乘馬而上，他們手裡拿了馬鞭，肩上挎著衝鋒槍，集體趟馬，在傳統的趟馬形式的基礎上，重新處理，就取得了很好的效果。」「《晴空迅雷》裡表現那個老工人騎自行車闖過鬧市……在舞臺上是手持自行車把，驅車走圓場，就是借鑒了傳統的趟馬動作新創造的，也有很好的效果。」「《張四快》，寫的是張四快這個青年人騎車闖禍，當然也要在舞臺上騎自行車，他根本沒有拿車把之類的道具，赤手空拳，做出騎車的各種動作，也同樣有很好的效果。」[12]

巴地指出，像馬科提出的「哪種傳統形式好，必須繼承，必須盡量運用」，馬彥祥提出的「哪種形式儘量運用了就會出問題」等等意見，都沒有談清楚如何才能更好地繼承戲曲傳統。他認為：「想正確地繼承傳統，就必須要從創造的角度出發，來研究傳統戲曲藝術的規律，研究過去的戲曲藝術家們是怎樣表現生活的。」同時，必須去「理解表現現代題材的戲曲劇目中的新人物」，而前提是「深入生活、改造思想、提高認識能

---

11 同上註，頁 26。
12 同上註，頁 27。

力。」[13]也就是他主張依照現代劇的需要來繼承創造,而非單看傳統形式來決定取捨。

第二節　對於戲曲傳統形式的看法

　　戲改運動期間,有些戲曲工作者以西方現實主義話劇的標準來檢驗傳統戲曲的表演形式,因而將戲曲虛擬的動作和空蕩的舞臺看作戲曲藝術落後的表現,再將這種虛擬化的表演手法歸咎於物質條件的落後。其推理邏輯為:物質條件的落後造就戲曲藝術的落後。像是馬彥祥分析戲曲表演的傳統表現形式為何會產生時,有以下推論:

> 戲曲劇本的傳統寫法為什麼只分場而不分幕?原因很簡單,因為從前舞臺上根本沒有幕(從南宋到清末都如此),也沒有景,只有一幅「出將入相」的台簾作背景;所以人物出入必須上下場。因為沒有景,所以劇中規定的開門、關窗、上樓、下樓、行船、走馬等動作就不能不採取虛擬的表演方法,因而舞臺上也就不存在空間與時間的限制。又因為沒有幕,所以檢場人無從隱蔽,不得不和演員同時去臺上活動(現在我們說「取消檢場人」,其實是把檢場工作隱蔽在幕後,而並不是真正取

---

13 同上註,頁27。

消），這些傳統形式的形成，無疑都是和過去舞臺的構造和設備的限制分不開的。[14]

戲曲編導王雁認為，馬彥祥的論斷並不盡然正確：「戲曲舞臺藝術之所以要採取這種獨特的表現形式，物質條件的限制，固然有其一定的影響，但，這絕不是決定性的因素[15]，更主要的是在當時可能有的條件下，為了更鮮明、生動、突出、優美地表現它所要表現的內容，而創造出來的。」[16]他強調，戲曲舞臺藝術「正是為了『力求神似』，突破舞臺框框的限制，突出地表現人物的性格特徵和精神面貌，才創造了目前這種既來自生活又與生活中的自然形態不同，能以有限的東西表現無限廣闊內容的舞臺藝術形式。」[17]因此，「戲曲演員在舞臺上採用虛擬的動作如開門、關門、行船、走馬，而不用真景實物，這不是他們不會和不能把真門、真馬搬上臺去，而是他們認為根本無此必要。」舞臺上要重點表現的，不是生活中屢見不鮮的動作，「而是與這種動作相聯繫的人的精神風貌。」[18]

王雁進一步指出，「這種以虛代實的表現方法，又是在尊重和發揮觀眾的想像活動的前提下形成的。戲曲舞臺藝術非常重視發揮觀眾的想像，誘導觀眾一同來參加藝術創造。」[19]也

14 馬彥祥，〈試論戲曲表現現代生活和繼承戲曲藝術傳統問題〉，《戲劇報》1960 年 10 期，頁 6。
15 標記為原作者所加。
16 王雁，〈關於戲曲傳統形式的我見〉，《戲劇報》1961 年 Z7 期（19－20 期合訂本），頁 60。
17 同上註，頁 61。
18 同上註，頁 61。
19 同上註，頁 61。

就是說，戲曲虛擬化的表演手法其實是在尊重觀眾的前提下，邀請觀眾發揮想像力來共同創造虛擬化的部分，因而可以以虛代實、以簡御繁、以有限表現無限。傳統戲曲的表現形式，「從分場結構到虛擬的表演是一個有機的整體而不能任意分割。而這些都從屬於一個目的：為了更便於表現它的內容，並給歌、舞、表演的創造留下充分發揮的天地。」[20]而馬彥祥的意見，「看來多少有些脫離戲曲舞臺藝術的內容，孤立地研究它的形式，把形成這種形式的根本原因，僅僅說成是受了物質條件限制的結果，」這樣的看法，「很容易造成人們對戲曲藝術形式的誤解，」例如：

> 在落後的物質條件下形成的戲曲舞臺藝術形式，一定也是落後的；今天有了現代化的物質條件，就應該改變或扔掉這些落後的形式；中國戲曲舞臺藝術就是一種和它所要表現的內容完全無關的形式，越能運用科學的舞臺設備，使形式越接近生活的真實，也就越是科學的等等。[21]

王雁表示，戲曲藝術的革新「是為了正確地解決新的內容與舊的形式、生活與藝術之間的矛盾，使形式更能適應內容需要，更能準確有力地表現新的內容，而不是完全否定戲曲藝術的傳統形式，拋棄戲曲藝術的傳統特點另起爐灶，重新創造。」[22]並批評馬彥祥的看法「離開了戲曲藝術傳統的基本精神[23]，脫

---

20 同上註，頁 62。
21 同上註，頁 63。
22 同上註，頁 63。

離了戲曲藝術所表現的內容，把物質條件看作唯一的決定的因素，來對待戲曲藝術形式，既無法正確地繼承，也無法正確地革新創造。」[24]

　　紅線女的意見則與馬彥祥接近，她認為繼承傳統不能只繼承一些傳統的表演程式，如雲手、鷂子翻身等，而應該著重繼承並發揚前人在戲曲中創造人物的經驗，依她的觀點，「老前輩們創造人物，是從生活出發，他們注意了人物的歷史條件、社會地位、人物的性格特點，然後加以提煉創造，逐漸形成典型、美化的動作，用以表現人物。」[25]這與馬彥祥認為只有第一類傳統，也就是「戲曲藝術的基本特點」必須繼承，第二類的傳統要批判地繼承的說法相去不遠。而紅線女的用語如「從生活出發」、「典型」等，容易使人聯想到「戲曲的現實主義傳統」，換言之，必須繼承的是「戲曲的現實主義傳統」，此外則是必須批判地繼承的傳統，亦即「推陳出新」中「陳」的部份。

　　同年 6 月 15 日，《戲劇報》編輯部又召開了一次關於戲曲藝術革新的座談會。會議由伊兵主持，與會者有常香玉、劉成基、童芷苓、彭俐儂、周寶才、關肅霜、李薔華、花淑蘭、劉秀榮、李繼宗等戲曲藝術家。會議針對繼承傳統、深入生活，以及堅持革新等問題進行了深入討論。[26]這次戲曲藝術家們參與的座談，就少了論爭的硝煙味，多是其演出現代戲的實際情

23　標記為原作者所加。

24　王雁，〈關於戲曲傳統形式的我見〉，《戲劇報》1961 年 Z7 期（19－20 期合訂本），頁 63。

25　紅線女，〈解放思想，大膽創造，努力演好現代戲〉，《戲劇報》1960 年 10 期，頁 9。

26　見高義龍、李曉主編，《中國戲曲現代戲史》，頁 223。

況和親身經驗分享。

小　結

馬彥祥與巴地、王雁的爭辯令人聯想起 1954 年戲曲藝術改革問題座談會的場景。

當時吳祖光認為，戲曲虛擬的表現手法，即「寫意」的表演方法，「是我們富有天才富有智慧的祖先，在物質條件極為不足的情況下，為了突破物質條件的限制而創造出來的。」這種「寫意」的表演方法發展的結果，「不僅用表演來完成現代科學技術所不能完成的佈景的任務，而且能夠用動作完成道具的任務。」[27]馬彥祥不同意吳祖光的意見，認為戲曲的傳統形式「是封建社會生產關係和生產力的反映」。[28]因此它是「原始的、落後的、刻板的、非現實主義的」。[29]

到了 1960 年，馬彥祥仍然延續其認定戲曲傳統形式落後的觀點，不但將戲曲傳統分成兩大類，還指出基本特點（第一類）可以繼承，表現形式或表現手段（第二類）則必須批判地繼承，部份必須堅決地揚棄。巴地批評了馬彥祥認為傳統形式如程式、行當等不能表演現代生活的看法，王雁則延續吳祖光

---

27 吳祖光，〈談談戲曲改革的幾個實際問題〉，《戲劇報》1954 年 12 期，頁 16。
28 馬彥祥，〈是什麼阻礙著京劇舞臺藝術進一步發展〉，《戲劇報》1954 年 12 期，頁 22。
29 同上註，頁 23。

的見解，為戲曲虛擬化的表演手法辯護，更難能可貴地進一步提出觀眾在「寫意」表演時的共同藝術創造地位。

可以看出，馬彥祥的主張仍是戲曲朝著現實主義話劇的真實美學方向改革，他列出的第二類技術性的傳統，包括行當、程式化動作（包含虛擬動作）、分場的編劇法、引子、定場詩和自報家門等等，均與西方現實主義話劇的表演方法相悖。巴地、王雁則提出另一種「戲劇的真實」，即戲曲的真實美學，以程式化、虛擬化的表演手法喚起觀眾內心的戲劇真實，如王雁所言，戲曲藝術呈現的是一種「高度洗煉的具有獨特藝術風格的表現形式」[30]。

1960 年的戲曲藝術革新論爭上承建政初期的年輕劇種表演現代生活與 1958 年的「戲曲大躍進」[31]，下啟 1960 年代的戲曲現代戲運動。「現代生活現實」的傾向持續發揮著作用，當年文化主管高層於現代題材戲曲觀摩演出後的 5 月 3 日提出「三並舉」政策，可看出其未將戲曲現代戲作為唯一主導的戲曲工作方向，也沒有像大躍進時期一樣規定現代戲生產與上演的比例，可見當時的戲曲政策選擇了比較中庸穩健的道路。單就藝術層面來看，這場論爭釐清了一些戲曲傳統形式可否繼承與創新的問題，「戲曲現代戲的演出水平大大地得到了提高，比較健康地走向 1964 年和 1965 年。」[32]

---

30 王雁，〈關於戲曲傳統形式的我見〉，《戲劇報》1961 年 Z7 期（19－20 期合訂本），頁 62－63。

31 1958 年「戲曲表現現代生活座談會」的會議總結報告中，中國文化部副部長劉芝明提出：「以現代劇目為綱，推動戲曲工作的全面大躍進。」見劉芝明，〈為創造社會主義的民族的新戲曲而努力〉，《戲劇報》1958 年 15 期，頁 11。

32 高義龍、李曉主編，《中國戲曲現代戲史》，頁 226。

第六章　鬼戲論爭：
三種傾向的演示

　　中華人民共和國成立後至文革之前，中國曾經進行過三次比較大規模的、關於鬼戲問題的論爭。第一次論爭，是 1953 年由馬健翎把出現李蕙娘[1]鬼魂形象的《紅梅記》改編成李蕙娘活著復仇的《遊西湖》引起的，直到 1956 年《遊西湖》即將拍攝為舞臺藝術片，馬健翎聽取了座談會中的意見，恢復了李蕙娘的鬼魂形象。第二次，是 1956 年文化部召開戲曲劇目工作會議，提出挖掘傳統，豐富上演劇目問題，接著上海《新民晚報》及其他報刊針對鬼戲問題展開了討論。1957 年，隨著文化部開放禁演劇目，許多曾被禁演的鬼戲如《探陰山》、《黃氏女遊陰》、《奇冤報》、《活捉王魁》、《活捉三郎》、《滑油山》、《僵屍拜月》等，都重新上演。第三次論爭，則始於 1960 年戲劇出版社副總編輯孟超改編《李慧娘》，1961 年北方崑曲劇院演出《李慧娘》後，得到文藝界人士撰文稱讚，尤其是 1961 年 8 月 31 日《北京晚報》發表了北京市委統戰部長廖沫沙署名繁星的文章〈有鬼無害論〉。孟超在〈跋《李慧娘》〉中稱讚繁星

1　馬健翎初改本沿用舊名李蕙娘。

的文章是為《李慧娘》「作護法」。[2]然而不久政治風向轉變，1963
年 3 月 29 日，中國共產黨中央批轉了文化部關於停演鬼戲的
報告。同年 5 月江青與柯慶施通過上海一個寫作班子（署名梁
壁輝），發表〈「有鬼無害」論〉攻擊孟超和繁星，接著在報刊
上出現了許多批判《李慧娘》和「有鬼無害論」的文章。此後
對於孟超和繁星的批判逐漸升級，超出了學術爭鳴的界限，終
釀成文革期間的一樁冤案。[3]

　　這三次關於鬼戲問題的論爭，以筆者之見，正好演示了中
國當代戲曲發展的三種傾向，依序為「戲劇真實」、「社會主義
現實主義」與「現代生活現實」，顯示戲曲的評判標準，由藝
術標準朝向政治標準逐漸挪移。「戲劇真實」，意指一般意義上
戲劇從創作、演出到觀眾想像中呈現的真實，亦即「假戲真做」
的要求：明知戲是假的，但要做得像真的一樣。傳統觀眾常有
對於演員的讚美，呼之為「活曹操」、「活武松」等，就是指舞
臺形象的真實。「社會主義現實主義」傾向主要是當時社會主
義政權的政治標準，並包含現實主義的真實美學。簡言之，除
了馬克思主義原先對現實主義文藝的基本要求即「對現實關係
的真實描寫」[4]，還加上承襲自蘇聯的文藝創作與批評方法，要
求「必須與用社會主義精神從思想上改造和教育勞動人民的任
務結合起來」[5]，換言之文藝創作以政治為主導，然而實際上政

---

2 見孟超，〈跋《李慧娘》〉，《文學評論》1962 年 3 期，頁 115。
3 參見華迦、關德富，《關於幾個戲曲理論問題的論爭》（北京：文化藝術，
　1986 年），頁 56－62。
4 中共中央馬克思恩格斯列寧斯大林著作編譯局編譯，《馬克思恩格斯全集》
　36 卷，頁 385。
5 曹葆華等譯，〈蘇聯作家協會章程〉，《蘇聯文學藝術問題》，頁 13。

治意識形態的標準可以有時寬鬆有時緊縮。「現代生活現實」的傾向是「社會主義現實主義」的升級，政治標準提升至反映現代的現實。現實包括歷史的現實與當前的現實，而一般更看重後者。論者普遍認為只有真實地反映現實，戲曲才能發揮宣傳與教育作用，從而作用於現實。[6]依此邏輯，反映現代生活的現實方能有效作用於當前的現實。因此戲曲評判的政治標準必然升級至反映現代生活現實。

第一節　鬼戲與戲劇真實

　　1953 年 9 至 10 月間，馬健翎根據秦腔舊本《遊西湖》改編的新本在西安和蘭州公演。新舊劇本在情節上改動很大：將李蕙娘和裴瑞卿在遊西湖時一見鍾情，改為二人從小相識、互相愛慕，正準備定親時，李蕙娘被賈似道霸佔作妾；[7]將遊湖回府後賈似道殘忍地殺害李蕙娘，改為另一姬妾孫蕊娘設計騙過賈似道，讓李蕙娘裝鬼隱藏；將李蕙娘的鬼魂救出裴瑞卿並一同逃走，改為李蕙娘裝鬼協助裴生脫逃。[8]總之，改編本最大的

---

6 見楊惠玲，〈第十章　革命古典主義：意識形態主導的戲曲觀念〉，周寧主編，《20 世紀中國戲劇理論批評史》中卷（濟南：山東教育，2013 年），頁 662－666。

7 傳統的漢二黃（筆者註：即漢調二黃）劇本有一種情節版本：蕙娘為裴生聘妻，被賈強奪作妾，西湖相遇，隔船相對悲泣，互贈信物，被人告發，蕙娘恐累及裴生，自刎而死。見李靜慈，〈試談秦腔《遊西湖》的成就〉，《陝西戲劇》1959 年 9 期，頁 26。

8 見田本相主編，劉方正著，《中國戲劇論辯》下冊（戲曲部分），頁 688。

改變,就是把李蕙娘由鬼魂改成了活人。馬健翎在〈改編《遊西湖》的說明〉中說,他這樣改,是為了要克服原劇中「耍鬼弄怪、形象惡劣、含有濃厚的宿命論與迷信的成分」等缺點。[9]

　　同年 10 月,陝西《群眾日報》於「文化簡訊」欄目刊出讀者對於《遊西湖》的迴響。秦腔著名演員沈和中、尚友社和導演惠濟民都認為此劇的演出,對他們頗有啟發和幫助。文章中認為改編本「主題明確,故事集中。過程緊湊,富於戲劇性。」「革除了舊劇中慣用的懲罰,創造出新型積極的鬥爭方式。」[10]柳風則認為改編本將原劇中的「鬼」變為人、以人的復仇作結是正確的,他指出,既然唯物主義否認鬼魂的存在,那麼,李蕙娘由「鬼」變為「人」的改動,便是符合今天人們的唯物觀念的,那些「使人空想做鬼之後再去進行什麼鬥爭」的處理則是「反常」的。[11]

　　然而,1954 年第 5 期《文藝報》發表了該報記者題為〈改編《遊西湖》的討論〉的文章,提出對馬健翎改編本的不同意見,其中說道:「他們認為(指該刊兩位讀者)原劇的鬼戲基本上並不如改編者所說的是在宣揚迷信和宿命論,而是表現古代婦女受封建壓迫致死,死後鬼魂仍向封建勢力積極反抗,使

9　馬健翎改編,《遊西湖》(西安:西北人民,1953 年)。轉引自〈關於上演「鬼戲」有害還是無害的爭論〉,《戲劇報》1963 年 9 期,頁 59。

10　〈文化簡訊〉,《群眾日報》,1953 年 10 月 23 日。轉引自田本相主編,劉方正著,《中國戲劇論辯》下冊(戲曲部分),頁 688-689。

11　柳風,〈從《遊西湖》的改編談起〉,《群眾日報》,1954 年 2 月 20日。轉引自田本相主編,劉方正著,《中國戲劇論辯》下冊(戲曲部分),頁 689。

封建統治者的典型人物雖不能在事實上、卻在人們的幻想中受
到打擊、甚至被征服的卓越創造。」「對原劇的社會根源及歷
史現實缺乏認真研究與認真理解。」「存在著一連串反歷史主
義、反現實主義的錯誤，嚴重地破壞了這一戲曲遺產。」[12]

　　文藝報記者提到，不少熟悉舊劇的觀眾和老藝人對於馬健
翎改編本的劇情處理感到不滿：

> 「鬼戲都是迷信的嗎？」「李蕙娘、裴瑞卿原先不認識，
> 就不能相好嗎？」……李蕙娘對賈似道毫無真情，甚至
> 十分怨恨，偶然見到一個年輕人而動心以至有所表示，
> 是很自然的。所以她的死曾深得觀眾同情。當蕙娘的鬼
> 魂痛快地嘲罵奸相賈似道時，觀眾的感情和她是相連
> 的，覺得這正是大家幻想的化身，是代替大家做了想做
> 而做不到的事情的「好鬼」。因此看了改編本的演出，
> 第一個感覺就是「戲味全變了」，而且「好些地方分明
> 是在做戲」，覺得牽強。[13]

　　張真也批評馬健翎的《遊西湖》劇本把鬼改成人以後，人
物和情節的真實性反而大大削弱了：

> 首先那老奸巨猾的賈似道，竟會被蕙娘幾句花言巧語和
> 一口空棺木所騙，就是不能令人相信的。其次，一個持

---

12 見文藝報記者，〈改編《遊西湖》的討論〉，《文藝報》1954 年 5 期。
　　轉引自華迦、關德富，《關於幾個戲曲理論問題的論爭》，頁 57。
13 文藝報記者，〈改編《遊西湖》的討論〉，《文藝報》1954 年 5 期。轉
　　引自田本相主編，劉方正著，《中國戲劇論辯》下冊（戲曲部分），頁
　　689。

刀的家將殺了半天，竟殺不了手無寸鐵的一雙男女（他
們唯一的「武器」就是裝鬼、吹火、撒土），也是很不
近情理的。……現在卻改得由於蕊娘的「機智」，蕙娘
竟得不死，更且還大鬧了賈府，火燒了大樓，料無不中，
攻無不取，大獲全勝，無一傷亡。——一個老頭和幾個
姑娘在當朝首相的府裡，赤手空拳，光憑著點「機智」
竟能搞得這樣轟轟烈烈，作者似乎是在追求著廉價的
「大快人心」。在這情節中，哪裡有對於當時丞相、姬
妾等生活的真實描繪呢？哪裡有對於當時階級矛盾的
正確表現呢？原作的這些優點都被取消了，原作那種悲
劇的嚴肅性也一點沒有了，全劇變成了一齣鬧劇，一種
看來不能令人相信的奇聞。原作的思想深度，也大大變
得淺薄了。[14]

馬健翎改編本為了反對封建迷信，掃除舞台上的鬼魂形
象，特意將李蕙娘變鬼的情節改為活人裝鬼。殊不知，原本整
齣戲建立在蕙娘是鬼的基礎上，方能「作鬼復仇」，這一改動
反而使得劇情荒誕不經，蕙娘不具備鬼神的超自然力量卻神機
妙算、功夫高強，當朝宰相糊塗愚笨，家將武藝不精，不但戲
劇中緊張拉鋸的氣氛蕩然無存，蕙娘既然沒死，「作鬼復仇」
的戲劇行動驅動力同時也煙消雲散。馬健翎《遊西湖》劇情的
不合理違反了一般意義上「戲劇的真實」，從而破壞舞臺形象
的真實，使觀眾產生「分明是在做戲」、太過虛假的感覺，馬

---

14 張真，〈談《遊西湖》的改編〉，《文藝報》1954 年 21 期。轉引自張
真，《張真戲曲評論集》（北京：中國戲劇，1992 年），頁 68。

健翎後來甚至在電影版劇本中將李慧娘改回鬼魂的形象。[15]由此可見此次論爭乃是「戲劇真實」傾向的展現，原本主張鬼戲迷信的戲劇家不得不向群眾的藝術判斷讓步。

張真論及李慧娘的鬼魂出現在戲劇中，不但「不是反現實主義的，」而且是「現實主義精神的積極發揚」，正是「這種積極的現實主義的精神使作者寫出了虛構的、但卻為群眾所願望、所理想的情節」。[16]而且慧娘鬼魂這種象徵方法的運用，與「梁祝化蝶」類似，「並沒有任何宿命論的痕跡，任何消極悲觀的情緒。相反，這恰恰表現了被壓迫者對鬥爭的堅強的信心，表現了一種無畏的氣概，它對觀眾只起著鼓舞鬥爭的積極作用。」[17]對於有些意見認為，舞臺上出現鬼，會使人民群眾迷信有鬼。張真以為，「只有用普及文化（包括科學的普及工作）來使勞動人民──特別是農民──在生活中逐漸獲得健全的、唯物的觀點，才能漸漸改變他們的觀念。」[18]

張真採取的策略是將「科學的真實與藝術的真實加以區別」。[19]雖然馬列主義不承認鬼神的存在，但在當時政治氣氛相對寬鬆的情況下（反右運動在三年後），強調文藝為社會主義服務的同時，藝術（包括戲劇）的真實仍然有生存的空間，只需指出文藝作品「精神是現實主義的」，而舞臺上鬼的形象，可說「手法是浪漫主義的」，加上提出神話與迷信的區別，鼓

---

15 華迦、關德富，《關於幾個戲曲理論問題的論爭》，頁 58。

16 見張真，〈談《遊西湖》的改編〉，《文藝報》1954 年 21 期。轉引自《張真戲曲評論集》，頁 65。

17 同上註，頁 65－66。

18 同上註，頁 67。

19 同上註，頁 66。

舞人民反抗鬥爭壓迫者的戲劇絕非傳播宿命論，自然該當歸類於提倡「積極進取的人生觀」、「進步樂觀的唯物思想」的神話劇。[20]

第二節 鬼戲是否符合社會主義現實主義

　　為了改善戲曲劇目貧乏的狀況，中國文化部於 1956 年 6 月 1 日至 15 日，召開第一次全國戲曲劇目工作會議。會議中提出要「破除清規戒律，擴大和豐富傳統戲曲上演劇目」，並全面規劃劇目工作，提出必須有計劃、有組織地進行傳統劇目的發掘、整理和改編工作，以豐富上演劇目。[21]關於鬼戲的問題，張庚在會議上的專題報告提到，戲曲改革過程中，舞臺上的鬼戲因為是「迷信的」、「宣傳宿命論」的，而「懸為禁令」。為了解決鬼戲的上演問題，他說：「我們應當承認，是有宣傳宿命論和迷信的鬼，如《滑油山》這類戲中間的就是，但也有不屬於這種性質的鬼，如《紅梅記》中的李慧娘就是其中的一個。」張庚認為，李慧娘是「有反抗性、有人民性的鬼」，這類鬼應當在舞臺上出現。[22]6 月 27 日，文化部負責人與新華社

---

20 同上註，頁 66。
21 見張庚主編，《當代中國戲曲》，頁 42－43。
22 見張庚，〈正確地理解傳統戲曲劇目的思想意義〉，《張庚戲劇論文集（1949－1958）》，頁 233。

記者談論戲曲劇目問題時表示：「戲劇中的鬼魂也並不完全是表現宿命思想和迷信的，有些鬼魂表現了人民的願望和愛惜，例如焦桂英、李慧娘完全可以在今天的舞臺上出現。」[23]

同時，《戲劇報》於 1956 年第 7 期發表題為〈發掘整理遺產，豐富上演劇目〉的社論，指出之前的戲曲工作存在「許多嚴重的問題」，在神話和迷信問題方面「界線混亂，有些人憑著顧名思義的本領，認為只有出神的才是神話，因此出鬼的就是鬼話，神仙猶可，凡是鬼都在排斥之列。」比如「《紅梅閣》中那個強烈的復仇的鬼魂必須改作人，《烏盆計》出鬼，不許上演，地藏王在地府裡，歸於鬼類，因此《掃秦》中的地藏王必須改成真正的瘋僧。」[24]

第一章中提過恩格斯「對現實關係的真實描寫」的要求，以及「除細節描寫的真實外，還要真實地再現典型環境中的典型人物」的馬克思主義現實主義規定。考慮到現實主義真實性本身包含的社會必然性，以及進入「社會主義現實主義」時期後文藝的意識形態化，鬼魂登台的問題顯得相當棘手，而且眾說紛紜。依據唯物主義的觀點，鬼魂既然不存在，那麼對鬼的描寫與演出，是否符合「真實地再現典型環境中的典型人物」？現實通常指客觀存在的事物，那麼，現實也包括鬼怪和神仙嗎？更為嚴重的問題是，鬼的觀念既然被視為封建迷信，上演鬼戲是否等同宣傳封建迷信？這對於社會主義建設是有益或

23　〈文化部負責人——談豐富戲曲上演劇目問題〉，《戲劇報》1956 年 7 期，頁 8。

24　見〈發掘整理遺產，豐富上演劇目〉，社論，《戲劇報》1956 年 7 期，頁 5。

是有害？

在 1956 年下半年，上海《新民晚報》便展開一場關於鬼戲問題的討論，其他報刊也相繼發表相關文章，其中只有少數反對演出鬼戲，大多數都是主張演出鬼戲的。[25]多數支持上演鬼戲的評論認為，鬼魂雖然不存在於物質世界，但在傳統劇目產生的時代，鬼的觀念是客觀存在的，大部分鬼戲具備積極的意義，反映了人民的意志，因而有存在的價值。[26]

為了符合社會主義現實主義創作原則中「真實地描寫現實」的意涵，論者採取了將鬼神觀念納入現實生活的策略，強調鬼魂觀念的客觀存在，及其富有人民性、有益於人民對抗統治階級的鬥爭。如曲六乙認為：

> 反映到戲曲裡，神的世界是可望而不可及的，離人的現實生活比較遠。鬼的世界則是人的現實世界的牢獄刑堂的誇大和縮影，它是更靠近人的生活的，是同人以及人的命運緊緊關連的。因此，人對鬼遠比對神更為關心；在人、神、鬼三者之間，鬼比神能散發出更多的人性。[27]

李嘯倉則說：「不能忽視的是，古人確曾有過鬼的觀念，並且還信過鬼，這一點不能不承認。既然有過這樣的事，那就

---

25 見〈關於上演「鬼戲」有害還是無害的爭論〉，《戲劇報》1963 年 9 期，頁 60。
26 見田本相主編，劉方正著，《中國戲劇論辯》下冊（戲曲部分），頁 692；李嘯倉，〈論古典戲曲藝術中的鬼魂問題〉，《戲曲研究》1957 年 3 期；戴再民，〈試談戲曲劇目中的「鬼魂」〉，《劇本》1957 年 2 期；屠岸，〈探《探陰山》〉，《戲劇報》1957 年 7 期。
27 曲六乙，〈漫談鬼戲〉，《戲劇報》1957 年 7 期，頁 4。

是客觀存在，我們就沒有任何理由硬說古人不是那樣。」他覺
得「人們在現實生活中運用神鬼、陰司之類的概念，以至於作
家寫神鬼、陰司之類的東西的時候，是可以充分地反映社會生
活的複雜性的。」[28]「我們承認了古代作家的這種想像的方式，
並不是就此打住了；還要去看看古代作家通過這種方式是否以
其藝術上的力量體現了有益的思想、感情和願望。」[29]

屠岸說：「科學只是不承認鬼存在於物質世界中，卻並不
否認鬼的觀念存在於人的幻想中，……一定的鬼魂形象體現著
一定的思想。對鬼戲的取捨不在於客觀世界中有沒有鬼魂的存
在，而在於這個鬼戲所體現的思想是消極的還是積極的。」[30]以
鬼戲《探陰山》為例，有人認為演出這齣戲，就是首先肯定了
陰司地獄的存在，因而宣傳了因果報應的思想。時任《戲劇報》
編輯部主任的屠岸卻認為，這齣戲反而證明了「人民的大膽和
勇敢」，因為它「要從陰司地獄的內部來擊垮陰司地獄，要從
『鬼』話的本身來證明它是『鬼話』」，而判官張洪這個反面形
象的意義就在這裡。[31]

屠岸指出：「有人認為凡是出現神靈的戲就是神話戲，是
表現人類的理想的；凡是出鬼的戲都是迷信戲；於是訂下了『對

---

28 李嘯倉，〈論古典戲曲藝術中的鬼魂問題〉，《戲曲研究》1957 年 3 期。
　　轉引自〈關於上演「鬼戲」有害還是無害的爭論〉，《戲劇報》1963 年
　　9 期，頁 60。
29 李嘯倉，〈論古典戲曲藝術中的鬼魂問題〉，《戲曲研究》1957 年 3 期。
　　轉引自田本相主編，劉方正著，《中國戲劇論辯》下冊（戲曲部分），
　　頁 693。
30 屠岸，〈探《探陰山》〉，《戲劇報》1957 年 7 期，頁 7。
31 同上註，頁 6。

神從寬，對鬼從嚴』的清規，甚至更進一步，立下了舞臺上只能『神「出」鬼「沒」』的戒律。」[32]他認為這種教條主義的作法不妥，因為戲曲劇目繁多，必須就實際情況具體分析。他舉了《探陰山》的全本《普天樂》的例子，劇中有神有鬼，然而其中月下老人這位神仙一登場便宣揚輪迴轉世、因果報應的思想：「這位月下老人一出現，整個戲就被罩上了濃厚的宿命論色彩。這裡，散播迷信思想毒素的不是鬼，恰恰是神！」[33]

如同屠岸舉出「神仙也迷信」的例子，支持鬼戲上演的其他評論者也提出例證來說明，問題的關鍵在於戲劇之中的鬼是宣揚迷信或是鼓舞人民起來鬥爭，而不是鬼魂的出現與否。

如張庚將鬼戲中的「鬼」分為兩種：宣傳宿命論、迷信的鬼和具有反抗性、人民性的鬼，《紅梅記》中的李慧娘就屬於後者：「人已經死了，卻假設她冤魂不散，不報仇不止，這是何等富於想像力的藝術手法！這大大加強了人物的堅強性格，強調了鬥爭的意志，加濃了悲劇的氣氛。」[34]張真表示：「有的戲曲雖然出現了鬼魂，但那主題思想恰恰是反抗命運的主宰的，作者完全同情這種反抗命運的鬥爭。如《紅梅閣》的李慧娘的鬼魂，如《活捉王魁》的敫桂英的鬼魂都是。」[35]曲六乙更主張直探鬼戲背後的藝術實質，也就是這些戲的思想主旨：「我們不能把藝術教育限制在科學教育的原則下，因為這樣會

---

32 同上註，頁 7。
33 同上註，頁 7。
34 張庚，〈正確地理解傳統戲曲劇目的思想意義〉，《文藝報》1956 年 13 期。轉引自《張庚文錄》2 卷，頁 253。
35 張真，〈重視劇目的思想分析〉，《戲劇報》1957 年 6 期，頁 6。

大大束縛藝術的發展。……我們也可以透過某些迷信的外衣，來探究鬼戲的藝術實質，看看它是否有擁護正義，反對邪惡的人道主義思想。」[36]

曲六乙 1979 年發表的文章中，將出現神魔鬼怪的戲曲劇目區分為「神話劇」和「宗教劇」兩類：

> 神話劇，顧名思義，是以神話和擬神話為題材的戲。它應該具有神話那種樂觀主義的戰鬥精神。它通過奇妙的幻想，曲折地反映古代人民要求改造自然和影響社會的頑強意志，以及對美好、幸福生活的強烈嚮往。……與神話劇相對立的則是宗教劇……內容不外敷衍超脫引渡等宗教故事，宣揚清淨無為的佛國仙境和虛無縹渺的極樂世界，誘騙人們逃避社會現實鬥爭，靜待神佛的「恩賜」，渲染佛法仙規的無邊威力和消極遁世的人生觀。[37]

郭漢城、章詒和認為，這種劇目的劃分比較合理，因為「它並沒有以劇目內容裡的描寫物件作分野，而是以劇目內容的思想性質做判定。這也就是說，神話劇中的主人公既有神仙，也有鬼怪；宗教劇裡既有鬼魂，也有神靈。」[38]他們以階級分析來解釋這兩類劇目：宗教劇是統治階級的工具，他們「用猙獰的鬼物來威嚇人民，迫使人民對現實生活持消極態度，以達到

---

36 曲六乙，〈漫談鬼戲〉，《戲劇報》1957 年 7 期，頁 4。

37 曲六乙，〈鬼魂戲管窺──兼及建國以來鬼魂戲的論爭〉，《文藝研究》1979 年 1 期，頁 81。

38 〈論中國戲曲中的神話與迷信問題〉，郭漢城、章詒和，《師友集》（北京：中國戲劇，1994 年），頁 78。

鞏固封建社會秩序，宣揚封建統治合法性、永恆性的目的。」
而人民群眾也反過來運用神話劇為工具，「通過鬼魂形象來宣
洩自己的反抗意志，把極端不合理的現實用非人間（陰間）的
形式表現出來，從而鼓舞本階級的人向封建統治階級和剝削制
度作不屈不撓的鬥爭。」[39]

曲六乙「神話劇」與「宗教劇」的分類，其實在建國之初
的戲曲工作中，就可見其端倪。中國文化部戲曲改進委員會在
1950 年 7 月的首次會議中，曾經對於區分迷信戲與神話戲定
下判斷標準：「審定工作應注意區別迷信與神話，因為不少神
話都是古代人民對於自然現象之天真的幻想，或對人間社會的
一種抗議和對理想世界的追求，這種神話是不但無害而且有益
的；至於寫陰曹地獄、循環報應等來恐嚇人民，那些才是有害
的。」[40]

同年的文章中，馬少波進一步解釋迷信與神話的本質區
別，他指出：「主要的在於思想內容，不要管它的形式是否怪
誕離奇，要看它講的道理是否符合人民的利益。要看它對於命
運的態度。」「迷信戲或者有些戲的迷信成分之所以應該被否
定，就是因為它是宣揚宿命論的，給人民以反科學的、有害的
毒素。」「神話戲或者有些戲的神話成分之所以應該被肯定，
就是因為它是表達了人民的心聲，通過了類似神怪的形式，給
人民說明真實的道理。」[41]

---

39 同上註，頁 83。
40 馬少波，〈迷信與神話的本質區別〉，《新戲曲》1950 年 10 月。轉引
自《戲曲改革論集》，頁 59。
41 同上註，頁 60－61。

周揚也在 1952 年第一屆全國戲曲觀摩大會上的總結報告中，對於迷信與神話作了同樣的區別：

> 許多神話對於世界往往採取積極的態度，往往富於人民性；而迷信總是消極的，往往反映統治階級的利益。這種區別最突出地表現在對待命運的態度上面。神話往往表現人們不肯屈服於命運，並在幻想形式中征服命運。相反的，迷信則恰恰是宣傳宿命論，宣傳因果報應，讓人們相信一切都由命定，只好在命運面前低頭。[42]

值得注意的是，戲曲改進委員會和馬少波的用詞都是「迷信戲」，而非「鬼戲」，可見禁戲針對的是「迷信」，而不是「鬼」，只不過戲裡的鬼容易讓人聯想到迷信，順帶被禁罷了。如此說來，只要可以證明戲裡有鬼並不宣揚迷信，1956－1957 年開放禁戲的同時，「鬼戲」也一同解禁便顯得理所當然了。

然而，鬼戲之敏感，即使位居文化部高層的田漢也不敢掉以輕心，在戲改運動初期，他特意寫了幾封信給周揚，其中第三信集中討論了戲曲中神怪迷信題材的戲（田漢稱之為「舊劇中反科學的一面」），田漢「試圖將大量神話題材的劇目，從『封建迷信』的範圍中剝離出來，讓它們有繼續存在的機會」[43]，他首先說明寫這封信的動機：

42　周揚，〈改革和發展民族戲曲藝術——一九五二年十一月十四日在第一屆全國戲曲觀摩大會上的總結報告〉，《文藝報》1952 年 24 期。轉引自《周揚文集》2 卷，頁 171。

43　傅謹，《20 世紀中國戲劇史》下冊，頁 70。

在中央《有計劃有步驟地進行舊戲[44]改革工作》的專論裡面，也曾指出「提倡迷信愚昧」（如舞臺上鬼神出現，強調宣傳神仙是人生主宰者等等）的戲，是屬於舊劇的有害部分而加以否定，這是對的。為分清這一類帶迷信神怪色彩的戲，何者是基本有害，何者害少，何者無害，何者是有益的神話或童話，我們該做些較細密的考察。[45]

傅謹認為，儘管此時田漢擔任戲改局的局長，但是，當他提出要將神話性質有益的戲從迷信的戲之中分離出來時，實際上挑戰的，正是前述 1948 年發表的戲改綱領性文件──華北《人民日報》社論〈有計劃有步驟地進行舊劇改革工作〉，因為這篇社論明確指出，那些「舞臺上神鬼出現，強調宣傳神仙是人生主宰者等等」的劇目，都是在「提倡迷信愚昧」，所以是「應該加以禁演」的「有害」劇目。[46]

1956－1957 年「百花時期」眾多禁戲開放，許多鬼戲也重新登上舞臺，雖然仍有反對鬼戲的意見如：「鬼是唯物主義者所不承認的，人們的生活中根本就沒有鬼。所以鬼的形象出現在戲曲舞臺上，必定會帶來副作用，使人們相信確是有鬼的存

---

44 戲曲史著作多作「舊劇」，田漢的第三信作「舊戲」，第一信卻作「舊劇」。見田漢，〈怎樣做戲改工作？──給周揚同志的十封信〉，《人民戲劇》1 卷 1－3 期（1950 年 4－6 月）。轉引自《田漢全集》17 卷，頁 98－158。

45 田漢，〈怎樣做戲改工作？──給周揚同志的十封信‧第三信〉。轉引自《田漢全集》17 卷，頁 114。

46 見傅謹，《20 世紀中國戲劇史》下冊，頁 71。

在……這樣就使觀眾感到鬼的力量可以支配人的行動，人們的生活要受到鬼的干預。」[47]但多數登上報刊的看法都贊成上演鬼戲，有的認為由於無神論的廣泛宣傳，人民的思想程度已經提升，所以有鬼無害：「在這種覺悟提高的時代裡，把一些有人民性的，富有生活氣息人情風味，而且形象並不醜惡的『鬼戲』搬上舞臺，有什麼壞處呢？」[48]有人從表演藝術的價值出發，認為鬼戲中有許多優秀的表演，不應為了小節而損傷其藝術價值：「如果演員在表演或歌唱方面有獨特的出色的創造而深為群眾所熱愛，這個情節雖有些消極而為害並不大，那麼就不一定要改。因為為了小節而去掉了藝術是並不上算的。」[49]文化部兩次全國戲曲劇目工作會議的召開，實質上促成了戲曲演出的「百花齊放」，有論者慶幸地說：「自從打破清規戒律的口號提出後，我們再不願像以前似的見鬼就斬了。於是，有不少鬼魂，本已被打入十八層地獄的，現在又得重見天日，在舞臺上出現和觀眾見面了。」[50]

47 許士林，〈有鬼的戲現在還會有副作用〉，《河北日報》，1956 年 7 月 9 日。轉引自〈關於上演「鬼戲」有害還是無害的爭論〉，《戲劇報》 1963 年 9 期，頁 61。

48 華犁，〈對神從寬、對鬼從嚴？〉，《北京日報》，1956 年 10 月 30 日。轉引自〈關於上演「鬼戲」有害還是無害的爭論〉，《戲劇報》1963 年 9 期，頁 61。

49 見李剛，《談神話戲與鬼戲》（上海：上海文化，1957 年）。轉引自〈關於上演「鬼戲」有害還是無害的爭論〉，《戲劇報》1963 年 9 期，頁 61。

50 李嘯倉，〈論古典戲曲藝術中的鬼魂形象〉，《戲曲研究》，1957 年 3 期。轉引自〈關於上演「鬼戲」有害還是無害的爭論〉，《戲劇報》1963 年 9 期，頁 61。

第三節　「以古喻今」與現代生活現實的附會

　　「大躍進」時期戲曲現代戲的狂熱消退之後，戲曲界經歷了短暫的政治氣氛寬鬆的日子，毛澤東 1962 年 9 月在中國共產黨八屆十中全會上又提出「千萬不要忘記階級鬥爭」的口號，使得包括戲劇藝術在內的整個社會發展方向回到中央的掌控之中，[51]因為這個社會各領域都充滿了階級鬥爭的論斷，1962年 10 月，中國文化部起草並在內部傳達了一份特別註明「請勿外傳和公開引用」的文件，其中明確指出，戲劇領域當前最為關鍵的問題，是「上演劇目不能適應當前形勢的需要」：

> 在戲曲方面，努力挖掘傳統劇目是好的，但又出現了一
> 些值得注意的消極現象，解放以後已經不演的某些有毒
> 素的劇目，如《刁劉氏》《蒸骨三驗》《黃氏女遊陰》《火
> 燒紅蓮寺》之類又上舞臺。……新編的大肆渲染鬼魂的
> 《李慧娘》，竟博得評論界的一片讚揚，甚至提出「有
> 鬼無害論」，作為辯護的理論根據。[52]

---

51 見傅謹，《20 世紀中國戲劇史》下冊，頁 264。
52 〈文化部黨組關於改進和加強劇目工作向中央的報告〉(1962 年 10 月 10
　　日)，中國戲曲志編輯委員會編，《中國戲曲志・北京卷》（北京：中國
　　ISBN 中心，1999 年），頁 1495－1496。

　　1963 年 1 月 4 日，中國共產黨華東局第一書記、上海市委第一書記、上海市市長柯慶施在上海文藝界新年聯歡會上發表講話，提出「寫十三年」的口號，要求文藝工作者大寫中華人民共和國成立以來，十三年社會主義革命和社會主義建設的題材。[53]同年 3 月，中國文化部請示中央停演鬼戲的報告中，指出關於鬼戲助長迷信思想的問題：

　　　　我國廣大人民群眾（尤其是農民），在剝削階級的長期壓迫下，受迷信思想的影響比較深。近幾年來，城鄉人民中燒香、拜佛，以至蓋廟宇、塑菩薩等迷信活動又有所滋長。不少地區農村中的一些幹部和群眾，還以迎神、還願等名目，邀請劇團大演「目連戲」和其他「鬼戲」。事實證明，「鬼戲」的演出，加深了人們的迷信觀念，助長了迷信活動，戕害了少年兒童的心靈，妨礙了群眾社會主義覺悟的提高。而反革命分子和反動會道門也就利用群眾的迷信進行活動。這種情況已經引起不少幹部和群眾的不滿，提出了責難和批評。

　　　　戲劇界對「鬼戲」問題的看法，目前還不一致。對於思想反動、形象醜惡恐怖的「鬼戲」，大家都認為不能演出；但對於那些在一定程度上反映了被壓迫者的反抗和復仇精神的「鬼戲」，則覺得還可以演出。我們認為，這兩類劇目雖則有所不同，但不能否認無論哪一類都首

---

53 見張庚主編，《當代中國戲曲》，頁 64。葉永烈，《「四人幫」興亡》中卷（北京：人民日報，2009 年），頁 499。

先肯定了人死變鬼的迷信觀點。即使有的「鬼戲」有它的好的一面，對於缺乏科學知識，還有濃厚的迷信思想的廣大群眾來說，還是存在著助長迷信的副作用。這是和當前我們要加強群眾的社會主義教育、克服各種落後習慣的任務相抵觸的。[54]

請示報告中提到，戲劇界將鬼戲區分為好壞兩類，壞鬼戲「思想反動、形象醜惡恐怖」，好鬼戲則「在一定程度上反映了被壓迫者的反抗和復仇精神」。然而鬼戲無論好壞，都是「首先肯定了人死變鬼的迷信觀點」，對於廣大群眾還是有著「助長迷信的副作用」，因此有必要停演。

在此之前的 1961 年，筆名繁星的廖沫沙為孟超改編的崑劇《李慧娘》寫了篇評論文章〈有鬼無害論〉，文章中沒有論及多少劇本和演出，而主要在討論一個問題：舞臺上能不能有鬼？

繁星的論點主要有三：一、許多與鬼神有關的戲，如果將其鬼神部分刪掉，就不是一齣完整的戲了：「人們說，『無巧不成書』，這類戲正好是『無鬼不成戲』。試想《李慧娘》或《紅梅記》這齣戲，如果在遊湖之後，賈似道回家就一劍把李慧娘砍了，再沒有她的陰魂出現，那還有什麼戲好看的呢？」二、古人的戲曲中有鬼神，是一種客觀存在，只要現代人不接受、繼承這些迷信思想即可；三、依照唯物論的觀點，鬼神在現代主要代表一種社會力量，如「戲臺上的鬼魂李慧娘，我們不能

---

54 〈文化部黨組關於停演「鬼戲」向中央的請示報告〉（1963 年 3 月 16 日），《中國戲曲志·北京卷》，頁 1501－1503。

單把她看作鬼，同時還應當看到她是一個至死不屈服的婦女形象……戲臺上的鬼魂，不過是一種反抗思想的形象。」[55]他認為所要繼承的，「不是它的迷信思想，而是它反抗壓迫的鬥爭精神。」[56]然而也正是繁星強調的「反抗壓迫」，在極端的年代反而入己於罪，與《李慧娘》一同被指控為影射現實，本想「古為今用」反被扭曲成「以古諷今」。

1963 年 5 月 6-7 日，《文匯報》登出了後來被江青稱為「第一篇真正有分量的批評『有鬼無害論』的文章」──〈「有鬼無害」論〉。文章中說孟超改編《李慧娘》，「並沒有吸收精華，剔除糟粕，相反的，卻發展了糟粕。」接著指責繁星「忽略了鬼魂迷信的階級本質，因而也忽略了它對人民的毒害。所以，他能夠很輕鬆地認為『有鬼無害而且有益』了」；文藝工作者「應當幫助人民破除迷信，至少也不要去撥動封建迷信的餘燼，使其復燃。」最後將文藝與政治情勢聯繫起來：「生活在當前國內外火熱的鬥爭中，卻發揮『異想遐思』，致力於推薦一些鬼戲，歌頌某個鬼魂的『麗質英姿』，決不能說是一種進步的、健康的傾向。」[57]

如劉方政所言，梁璧輝〈「有鬼無害」論〉還不能算是戲劇界政治鬥爭的批判文章，「它只是一篇立論較為尖銳、左傾色彩較濃的批評文章。說得嚴重一些，也只是在戲曲舞臺上應

---

55 繁星，〈有鬼無害論〉，《北京晚報》1961 年 8 月 31 日。轉引自蕭苗，〈關于鬼戲的批判問題〉，《新聞業務》，1964 年 8 期，頁 4。
56 同上註，頁 4。
57 梁璧輝，〈「有鬼無害」論〉，《文匯報》1963 年 5 月 6-7 日。轉引自雷輝志，〈孟超因鬼戲《李慧娘》蒙難始末〉，《粵海風》，2016 年 2 期，頁 92。

該首先或主要反映封建時代的生活還是社會主義現實的暗中較勁。」[58]若是從文章中未將鬼戲的內容與現代生活現實聯繫在一起，或作各種影射這一點來看，梁文還不能算作真正的政治批判。[59]

隨著文藝界批判運動的開展，毛澤東對文化工作，尤其是戲劇工作的不滿日益顯露，他於 1963 年 12 月 12 日發出了以下批示：

> 各種藝術形式——戲劇、曲藝、音樂、美術、舞蹈、電影、詩和文學等等，問題不少，人數很多，社會主義改造在許多部門中，至今收效甚微。許多部門至今還是「死人」統治著。不能低估電影、新詩、民歌、美術、小說的成績，但其中的問題也不少，至於戲劇等部門，問題就更大了。社會經濟基礎已經改變了，為這個基礎服務的上層建築之一的藝術部門，至今還是大問題。這需要從調查研究著手，認真地抓起來。……許多共產黨人熱心提倡封建主義和資本主義的藝術，卻不熱心提倡社會主義的藝術，豈非咄咄怪事？[60]

---

58 劉方政，〈學術批評‧學術批判‧政治批判——《李慧娘》在 1960 年代前期〉，《山東師範大學學報（人文社會科學版）》2015 年 1 期，頁 19。

59 劉方政指出，〈「有鬼無害」論〉發表半年多之後的 1963 年底，上級仍批准調高孟超的工資。見劉方政，〈學術批評‧學術批判‧政治批判——《李慧娘》在 1960 年代前期〉，《山東師範大學學報（人文社會科學版）》2015 年 1 期，頁 19。

60 中共中央文獻研究室編，《建國以來毛澤東文稿》10 冊（北京：中央文獻，1996 年），頁 436－437。

　　毛澤東關於文藝問題的第二份批示寫於 1964 年 6 月 27 日，
內容如下：

> 這些協會和他們所掌握的刊物的大多數（據說有少數幾
> 個是好的），十五年來，基本上（不是一切人）不執行
> 黨的政策，作官當老爺，不去接近工農兵，不去反映社
> 會主義的革命和建設。最近幾年，竟然跌到了修正主義
> 的邊緣，如不認真改造，勢必在將來的某一天，要變成
> 像匈牙利裴多菲俱樂部那樣的團體。[61]

　　毛澤東的兩份批示發出之後，主管文化的部門急速向左轉
彎，傳統戲和新編古裝戲受到壓制（後來乾脆全面禁演），並
以空前的速度和力度推動歌頌工農兵的戲曲現代戲創作。[62]中
國大陸戲曲改革的列車行進中，為何經常高速駛入獨尊現代戲
的軌道？這個問題的解答，必須回到 1942 年那篇對於文藝界
影響巨大的毛澤東演講內容去尋找。

　　毛澤東的〈在延安文藝座談會上的講話〉（以下簡稱〈講
話〉）中指出，文藝是為了人民大眾的，人民大眾包括「工人、
農民、兵士和城市小資產階級」，其中工農兵群眾比小資產階
級重要。要為人民服務，「就必須站在無產階級的立場上，而
不能站在小資產階級的立場上。」雖然沒說文藝一定要反映工
農兵群眾的生活，卻又強調文藝工作者「一定要在深入工農兵
群眾、深入實際鬥爭的過程中，在學習馬克思主義和學習社會

---

61 中共中央文獻研究室編，《建國以來毛澤東文稿》11 冊，頁 91。
62 見孫玫，《中國戲曲跨文化再研究》，頁 127。

的過程中,逐漸地移過來,移到工農兵這方面來,移到無產階級這方面來」,這樣才是「真正為工農兵的文藝,真正無產階級的文藝。」又說,革命的文學家藝術家「必須到群眾中去,必須長期地無條件地全心全意地到工農兵群眾中去,到火熱的鬥爭中去,到唯一的最廣大最豐富的源泉中去……」否則文藝工作者的勞動就沒有對象,就只能當空頭文學家,或空頭藝術家。[63]

　　由〈講話〉的論述邏輯,毛澤東不禁止文藝描寫小資產階級知識分子,卻又批評這些小資產階級文藝工作者「並不是,或者不完全是」站在無產階級立場上,而是站在小資產階級立場。這意味著描寫小資產階級不是那麼地政治正確,描寫無產階級、反映工農兵群眾的生活,才是意識形態機器運轉的方向,在意識形態極端化的年代,「文藝為工農兵服務」終究會轉變為「文藝只為描寫工農兵」。以此類推,戲曲舞臺上長期以「帝王將相、才子佳人」等封建統治階級,以及宣揚封建迷信的「牛鬼蛇神」為主人翁,政治氣氛寬鬆時倒也好說,等到階級鬥爭熱火朝天之時,眾多傳統人物必然被趕下舞臺,換上工農兵群眾占領舞臺,反映社會主義的革命和建設。「真正」無產階級文藝的內容是反映工農兵群眾的生活,反映現代的革命現實,這種反映現實的思維邏輯,一旦碰上一部政治不正確的新編古裝戲,便很容易將其聯想為充滿反革命份子的影射。此前建政初期的神話劇及大躍進時期的新神話劇,直截了當地昭告天

---

63 見毛澤東,〈在延安文藝座談會上的講話〉,轉引自《毛澤東論文藝》（北京:人民文學,1958年）,頁58－65。

下，創作這些戲曲是為了影射現實，可見當時社會主義文藝一直有著反映現實的需要，此前戲曲現代戲的創作手段未發展成熟，只好使用傳統戲曲的形式來反映/影射現實，現在戲曲現代戲既然已蓄勢待發，自然要順著反映現實的邏輯，將新編古裝戲戴上反黨反社會主義的帽子一齊推翻，好將戲曲舞臺騰出空間給工農兵群眾。

1963 年 12 月 12 日毛澤東關於文藝的第一個「批示」，開始將針對《李慧娘》的學術批判上升到政治高度。[64]1964 年，孟超被勒令「停職反省」。[65]繁星的〈有鬼無害論〉也難脫干係，一起被批判。

1964 年 7 月 31 日，在全國京劇現代戲觀摩演出大會的閉幕會上，康生點名批判孟超的《李慧娘》和田漢的《謝瑤環》是毒草，於是這場文革前的批判就從對問題的批判轉為對人、對作品的批判。而 1965 年 11 月 5 日姚文元發表於《文匯報》的〈評新編歷史劇《海瑞罷官》〉則拉開了「文化大革命」的序幕。[66]

對於《李慧娘》的政治批判主要攻擊兩點：一是宣傳迷信，二是借古非今，藉著鬼魂復仇的劇情來反黨反社會主義。

論點著重批判鬼戲宣揚迷信的文章，態度上還是比較客氣，頂多說鬼戲不利於社會主義革命和建設。如牙含章和唐亥

---

64 見劉方政，〈學術批評‧學術批判‧政治批判──《李慧娘》在 1960 年代前期〉，《山東師範大學學報（人文社會科學版）》2015 年 1 期，頁 19。
65 見王培元，《在朝內 166 號與前輩魂靈相遇》（北京：人民文學，2007 年），頁 212。
66 見余从、王安葵主編，《中國當代戲曲史》，頁 521。

認為即使利用「好鬼戲」進行鬥爭也不是個好方法，因為它首先「肯定了有神論觀念和宗教講的那一套是真實的，從而在廣大人民的思想中，深深地扎下了迷信的根子。」其次，「它不是引導被壓迫的人們在生前同統治階級進行鬥爭，而是引導人們在死後同統治階級進行鬥爭。而死後的這種鬥爭根本是一種幻想。」[67]因此，「演出『壞鬼戲』固然是應該反對的，演出『好鬼戲』也是不能贊成的，因為它對社會主義建設事業不利，特別是對於向廣大人民群眾進行無神論教育不利。」[68]趙尋則認為舞臺上演出鬼戲「只能起助長迷信的消極作用」，「而迷信必然妨礙人們接受社會主義、共產主義思想，使人們屈服於命運，而不相信勞動人民能夠用自己的雙手來改造社會、改造世界……而且常常會給反革命分子和反動會道門以可乘之機。」[69]

政治批判持續升級，遭批判者已無為自己辯解的機會。繁星在〈我的〈有鬼無害論〉是錯誤的〉一文中，對他的〈有鬼無害論〉自我批判，並批判孟超的劇本：「作者借《李慧娘》抒發對當前現實的不滿，其結果正好反映和代表了那些被推翻的反動階級而又不甘心滅亡、企圖復辟的思想感情，使《李慧娘》成了一齣曲折的、隱晦的向黨和社會主義發動進攻的鬼

---

67 牙含章、唐亥，〈無神論教育與「鬼戲」問題〉，《戲劇報》1964 年 5 期，頁 39−40。

68 同上註，頁 40。

69 趙尋，〈演「鬼戲」沒有害處嗎？〉，《文藝報》1963 年 4 期。轉引自〈關于上演「鬼戲」有害還是無害的爭論〉《戲劇報》1963 年 9 期，頁 63。

戲。」[70]就連文化部門高層的《戲劇報》也在批判之列，如陳劍紅指控，《戲劇報》從 1957 年起到 1961 年關於鬼戲的文章，宣揚了幾種荒謬的有害的觀點：「一、有鬼無害。二、好鬼有益。三、鬼有人性。四、勞動人民愛鬼。」[71]「《戲劇報》宣傳鬼戲不正是努力保存舊事物，幫助資產階級和封建勢力的毒草滋生蔓延嗎？『有鬼論』與『無鬼論』之爭並不單純是學術問題，而是意識形態領域中階級鬥爭的一種反映。」[72]

針對鬼戲以學術姿態進行政治批判的頂點，是兩篇火力最集中、批判力度最大的文章——鄧紹基的〈《李慧娘》——一株毒草〉和齊向群的〈重評孟超新編《李慧娘》〉。[73]這兩篇與其他深文周納的文章同樣運用「反映現實」的思想邏輯，認為「孟超的《李慧娘》是在借鬼抒情、借戲言志、借古非今。孟超同志是借的李慧娘的軀殼，裝進了自己的靈魂。」[74]

鄧紹基在〈《李慧娘》——一株毒草〉中指出，孟超篡改了原著中李慧娘的故事和性格，「他要賦予她以政治頭腦，他

---

70 繁星，〈我的「有鬼無害論」是錯誤的〉，《戲劇報》1964 年 2 期。轉引自畢玉萍，〈孟超同志新編的崑劇《李慧娘》是一株反黨反社會主義的毒草〉，《歷史教學》1965 年 6 期，頁 58。

71 見陳劍紅，〈為什麼對鬼戲的興趣那麼大？〉，《戲劇報》1964 年 Z1 期（11－12 期合訂本），頁 70－71。

72 同上註，頁 72－73。

73 見劉方政，〈學術批評‧學術批判‧政治批判——《李慧娘》在 1960 年代前期〉，《山東師範大學學報（人文社會科學版）》2015 年 1 期，頁 22。

74 畢玉萍，〈孟超同志新編的崑劇《李慧娘》是一株反黨反社會主義的毒草〉，《歷史教學》1965 年 6 期，頁 58。

要使這個厲鬼的反抗有政治意義。」[75]他指控孟超為「地主、富農、反革命分子、壞分子、資產階級右派分子」代言,其作品「《李慧娘》中反復宣揚的鬼魂復仇,一再表現的『生前受欺,死後強梁』思想,這種既充滿著仇恨而要作反抗又包含著淒涼和絕望心情的思想感情,也正是和上述這些階級這些人企圖復辟和要求復仇但卻不免感到絕望和淒涼的思想感情相契合的。」[76]

齊向群則在〈重評孟超新編《李慧娘》〉點出,該劇的不只是「散佈了封建迷信思想」,也不只是李慧娘「生前受欺,死後強梁」的鬥爭方式,實際上是一面「宣傳放棄鬥爭,放棄革命,使群眾相信宿命論的思想,引導群眾脫離現實鬥爭生活」,另一面則借鬼抒情、借戲言志、借古喻今,既代表「資產階級和封建階級中那些『階級覺悟』較高,復仇心切的人」發洩對現實的不滿情緒,又激勵同一陣營中「那些『後知後覺』和復仇意志不堅定的人」去向黨和社會主義進行「激昂鬥爭」,奮起「復仇」。[77]

在批判者眼中,孟超劇中的鬼魂李慧娘代表了「被壓迫者」,以及其所要激勵的「生人」(活著的人),被解讀為現實社會中的政治失勢者,即被壓抑的地、富、反、壞、右份子,而他們要鬥爭、「復仇」的對象(「壓迫者」),則是新政權的主

75 鄧紹基,〈《李慧娘》——一株毒草〉,《文學評論》1964 年 6 期,頁 11－12。
76 同上註,頁 17。
77 見齊向群,〈重評孟超新編《李慧娘》〉,《戲劇報》1965 年 1 期,頁 2－8。

人（黨和人民）。[78]

小 結

　　一般評論對於前兩次鬼戲論爭描述大致相同：1953 年因馬健翎改編秦腔《遊西湖》，將李慧娘由鬼改成了活人，文藝界曾有過一場小規模的論爭。而 1956－1957 年間，兩次全國戲曲劇目工作會議宣佈開放禁戲的結果，也引發一次關於「鬼戲」的大論爭。這兩次「鬼」辯，贊成鬼戲上演的意見都占了上風。

　　劉方正歸納多篇有關鬼戲領域的論爭文章，認為它們一定程度釐清了一些理論和實踐問題，如「鬼戲與迷信的關係，鬼戲與神話戲的內在聯繫和形式區別，鬼戲的性質與本質，怎樣區分進步的鬼戲與落後的鬼戲，怎樣處理鬼戲創作與現實生活的關係，是否應該繼承鬼戲在形式技巧上的獨特表現等等。」[79]

　　1960 年代初開始，政治上「左」傾的形勢愈發明顯。1961年北方崑曲劇院演出孟超編劇的《李慧娘》，尚有繁星、陶君起、李大珂、張真等人紛紛撰文給予好評。然而，毛澤東 1962年 9 月提出「千萬不要忘記階級鬥爭」的口號，1963 年年底發出關於文藝的第一個「批示」之後，政治風向丕變，開始轉變為政治批判。

---

78 見段守新，〈「鬼」辯——重溫《李慧娘》及其大批判〉，《名作欣賞》
　　2011 年 36 期，頁 10。
79 田本相主編，劉方正著，《中國戲劇論辯》下冊，頁 710。

　　鬼戲第三次論爭轉型為政治批判的起始點，略有爭議：如朱穎輝認為，1963 年 5 月 6 日《文匯報》發表〈「有鬼無害」論〉之後，「從此全國戲劇界開始大肆批判『鬼戲』。」[80]劉方正說：「在沒有政治干預之前（即梁璧輝〈「有鬼無害」論〉的發表），論爭是平心靜氣的、實事求是的、擺事實講道理的，屬於學術定位和學術定性；隨著政治的介入，就走入了政治定性甚至是政治誣陷的歧路上去了。」[81]劉方政則認為，「1963年 12 月 12 日毛澤東關於文藝的第一個『批示』，是將《李慧娘》的學術批判上升到政治高度的肇端；1964 年 1 月 3 日，為了貫徹『批示』精神召開的『文藝座談會』，以及劉少奇在會上的講話和插話則意味著政治批判的正式開始。」[82]

　　本章第三節已解釋〈「有鬼無害」論〉這篇文章為何不算正式的政治批判。其實毛澤東〈在延安文藝座談會上的講話〉之後，「文藝從屬於政治」的格局已經奠定下來，文藝批評也無法離開政治的影響，在政治氣氛較為寬鬆的年代，第一次鬼戲論爭爭論《遊西湖》劇中是否應該有鬼，第二次論爭的核心問題為「戲劇中有『鬼』無害還是有害」，第三次始於《李慧娘》的演出後，社會輿論方面大多一片好評，豈料兩年多之後迅速轉變為來勢洶洶的政治批判。批判則聚焦於對《李慧娘》創作背後的政治動機和目的的「破解」。批判者竭力於對《李

---

80 朱穎輝，〈第三章從「以現代劇目為綱」到「三並舉」〉，張庚主編，《當代中國戲曲》，頁 65。
81 田本相主編，劉方正著，《中國戲劇論辯》下冊，頁 711。
82 劉方政，〈學術批評‧學術批判‧政治批判──《李慧娘》在 1960 年代前期〉，《山東師範大學學報（人文社會科學版）》2015 年 1 期，頁 19。

慧娘》的「更為嚴重的政治思想問題，即其反動本質」的「徹底揭露」。[83]

　　另一個問題是，《李慧娘》為何會被揪出來作為政治批判的標靶？對照其他兩部在文革期間同樣被判為「反黨反社會主義的毒草」的《謝瑤環》和《海瑞罷官》，《李慧娘》同樣存在著政治影射的嫌疑，尤其孟超的改編本，特意將男女主角與賈似道的衝突，轉換為政治鬥爭的性質。段守新指出，「無論是《李慧娘》最初的支持者還是後來的批判者都承認這一點：新作之於舊作《紅梅記》最明顯的新變，在於『政治』主題的強化和突出。」其他評論者如張真指出：「全劇強調了人物的政治態度和政治感情，突出了人民對反動的統治者的義憤，如加強了《鬼辯》一場，著重描寫了慧娘的控訴，」[84]陶君起和李大珂則寫道：「改編者把原本中太學生與賈似道的政治鬥爭，不但未加削減，反而擺在全劇的重要地位。這是改編本最成功的地方。」[85]

　　新作《李慧娘》中展現的觀點與主題，其實與該時期的主流意識形態緊密呼應，然而令創作者孟超意想不到的是，「這種『古為今用』的思維，同樣也潛伏著致命的危機。對固有歷史人物、事件或傳說，孟超可以借由革命意識形態的朗朗光照實施『革命化』的改造；而後來者同樣也可以基於不同的目的

83 見段守新，〈「鬼」辯──重溫《李慧娘》及其大批判〉，《名作欣賞》2011 年 36 期，頁 9。
84 張真，〈看崑曲新翻《李慧娘》〉，《戲劇報》1961 年 Z5 期（15－16 期合訂本），頁 49。
85 陶君起、李大珂，〈一朵鮮艷的「紅梅」──從《紅梅記》的改編，談到崑曲《李慧娘》〉，《人民日報》，1961 年 12 月 28 日，5 版。

從其他角度進行再闡釋,並得出完全反向的結論。」[86]

　　今天回望 1953 年、1956 年和 1960 年代初期的三次鬼戲論爭,正好是筆者所述三種傾向的依序演示,可以窺見一個時代之中,戲曲藝術的評判標準,隨著政治運動的日益升溫,其著重的傾向,逐漸地從「戲劇真實」、「社會主義現實主義」,挪移至反映「現代生活現實」。每移一步,政治意識形態的、要求藝術為當前現實服務的作用力就更加強一些。也正因這種藝術為政治服務的邏輯,發展到極端即不免懷疑「反革命份子」利用戲曲等藝術「以古喻今」。

---

86 段守新,〈「鬼」辯——重溫《李慧娘》及其大批判〉,《名作欣賞》
　　2011 年 36 期,頁 9。

第七章　京劇表現現代生活論爭：民族形式和社會主義內容

　　之前幾個章節已經論及，戲曲表現現代生活的現實，是當代戲曲必然走上的道路。種種歷史條件規定了文藝服從於政治，文藝為人民大眾服務，為工農兵服務，既然傳統戲和新編古裝戲不能表現社會主義和共產主義精神，唯一可行的選擇即是發展戲曲現代戲。而隨著現代戲的創作能力日趨成熟，以及政治力量的推波助瀾，中國大陸各地京劇團體演出現代戲越來越普遍，1963 年到 1964 年間，關於京劇演出現代戲的論爭也隨之展開。

　　包括京劇現代戲在內的「戲曲現代戲」涵義，一般有三種解釋：一種如「老戲改」劉厚生所言，認為「我們現在所說的現代戲概念，主要是指二十世紀初清末以來的當代題材戲」[1]；第二種以高義龍、李曉主編的《中國戲曲現代戲史》書中觀點為代表，把二十世紀前三十年反映當時社會現實的戲曲稱為時裝戲，而 1930 年代起在陝甘寧邊區出現的表現抗日和革命題材的戲曲才被界定為戲曲現代戲，其延續到中華人民共和國成

---

1 劉厚生，〈序〉，高義龍、李曉主編，《中國戲曲現代戲史》，頁 3。

立之後，直至今日；第三種則將戲曲現代戲回溯到古代，認為古代中國就出現了現代戲，如元代王實甫的《麗春堂》、明代的《鳴鳳記》、清初李玉的《清忠譜》，都反映了當時的社會現實。第三種解釋可以先行排除，理由是古典戲曲中表現的時代，並不符合當今對於「現代」的界定。前兩種解釋則同時存在於學術界，本章主要討論 1960 年代文革前關於「京劇表現現代生活」的論爭，彼時現代戲的直接源頭，應為 1930 年代陝甘寧邊區為政治服務的現代戲，故本文對於「戲曲現代戲」的範疇界定，較偏向第二種解釋。

第一節　當代戲曲反映現代生活
現實的趨勢

中國政務院於 1951 年 5 月 5 日以總理周恩來名義發佈的〈關於戲曲改革工作的指示〉提到：「地方戲尤其是民間小戲，形式較簡單活潑，容易反映現代生活，並且也容易為群眾接受，應特別加以重視。今後各地戲曲改革工作應以對當地群眾影響最大的劇種為主要改革與發展對象。」[2]可見戲改的初期考慮到京劇和崑劇等傳統劇種不易演出現代戲，因此先由地方戲執行反映現代生活的任務。

---

2 周恩來，〈中央人民政府政務院關於戲曲改革工作的指示〉，《人民日報》，1951 年 5 月 7 日，1 版。

1952 年 11 月 4 日中國文化部副部長周揚在第一屆全國戲曲觀摩演出大會上的總結報告中明確指出：「如何用各種戲曲形式恰當地、而不是生硬地表現人民的新生活，成為戲曲工作者當前的，也是長期的一個嚴重的創造性的任務。」[3]他提到：「當我們要求戲曲表現人民新生活的時候，又必須考慮到現在有各種戲曲形式和它所表現的新的內容之間可能發生的矛盾」，亦即必須考慮到各個劇種表現現代生活的能力：

> 凡適合於表現現代生活的，就使它在這方面得到充分的發揮，凡目前尚不適合於表現現代生活，而只適合於表現歷史和民間傳說的題材的，就不要強求它立刻表現現代生活，以致損害它固有的優點和特色，而只能逐步地引導它向這個方向發展。在這裡，性急和粗暴是有害的。[4]

此時文化主管機關的政策還是將京劇和崑劇等歸類於不宜貿然發展現代戲的劇種，而將創作演出現代戲的任務先交給歷史較短、表演較生活化的劇種如評劇、滬劇、呂劇、郿鄠劇等。[5]由 1952 年全國戲曲觀摩演出大會上所演出的劇目數量也可看出，此時戲曲現代戲的發展尚不成熟：共演出 82 個劇目，其中傳統劇目 63 個，新編歷史劇 11 個，現代戲 8 個。[6]此時戲

3　周揚，〈改革和發展民族戲曲藝術──一九五二年十一月十四日在第一屆全國戲曲觀摩大會上的總結報告〉，《文藝報》1952 年 24 期。轉引自《周揚文集》2 卷，頁 174－175。

4　同上註，頁 176。

5　見高義龍、李曉主編，《中國戲曲現代戲史》，頁 133－145。

6　見張庚主編，《當代中國戲曲》，頁 38。

曲現代戲的數量與質量雖然還不理想，表現現代生活（現實）的要求仍然擺上檯面，1952 年 11 月 16 日《人民日報》的社論表示，傳統戲曲雖然具有一定的人民性和現實意義，但畢竟是在封建社會中形成的，參雜著嚴重的封建性和非現實主義因素，因而，「戲曲藝術如何正確地、真實地反映現代生活，更是當前急待解決的問題。」[7]直接點出傳統戲不能完全滿足時代的需要，唯有現代戲才能「正確地、真實地反映現代生活」。

孫玫指出：1953 年，中國大陸實行「糧食統購統銷」。1956年完成農業、手工業和工業的社會主義改造。從此，中國共產黨基本掌握了中國全社會的生活和生產資料。其背後意義是，「傳統戲曲（指其完整的生存形態而非具體劇目）賴以存在的物質基礎逐步消失。在充分掌握各種資源之後，從中央到地方的各級政府自然可以得心應手地調動各種人力、物力資源，深入戲曲界的內部推進改造。」[8]掌控了戲曲界的資源後，中國政府更有權力施展拳腳進行戲曲改革，其中自然也包含戲曲現代戲的發展。

1958 年，在「鼓足幹勁，力爭上游，多快好省地建設社會主義」總路線的旗幟鼓舞下，中國大陸浩浩蕩蕩地發起了「大躍進」運動，戲曲界掀起了編演現代戲的高潮。同年 6 月 13日到 7 月 14 日文化部召開了「戲曲表現現代生活座談會」，會議的中心議題是「討論如何創造社會主義民族新戲曲等問題，

---

7 〈正確地對待祖國的戲曲遺產〉，社論，《人民日報》1952 年 11 月 16日，1 版。
8 見孫玫，〈西方影響、社會變革與中國戲曲之現代轉型〉，《中國戲曲跨文化再研究》，頁 121。

並交流編演現代戲的經驗。」[9]為了有助於研究問題和交流經驗，會議期間還舉行了「現代題材戲曲聯合公演」，共有 12 個劇團參加演出。[10]其中有評劇、滬劇、楚劇、豫劇、湖南花鼓戲、京劇等 6 個劇種，共演出了 28 個大、中、小型劇目。[11]

　　戲曲表現現代生活座談會上，張庚致了〈一定要重視總結經驗和交流經驗〉的開幕詞。他說：「京劇表現現代生活，過去我們在理論上一直沒有明確……由於條件不成熟，也沒有得到一致的公認。」[12]在這篇講詞中，張庚對周揚有篇講話[13]中提出的「兩條腿走路」的主張十分贊同，其意為：「要搞現代的東西，同時不可忘記整理傳統，以搞現代的為主，這是目的（不是立刻要在數量上要超過傳統節目〔筆者註：應為「劇目」之誤〕）。整理傳統也為了這個目的。」總之，「我們要在傳統的基礎上向前發展，不要把傳統放在一邊，這是總的方針。」這樣做了，就不會產生「當運動過去以後，新的東西站不住腳的顧慮。」[14]張庚的話透露了，修改整理傳統劇目的目的，是為了發展現代戲。同時，「兩條腿走路」劇目政策的執行，又能

9　張庚主編，《當代中國戲曲》，頁 55。

10　見高義龍、李曉主編，《中國戲曲現代戲史》，頁 165；張庚主編，《當代中國戲曲》，頁 55－56。

11　見余從、王安葵主編，《中國當代戲曲史》，頁 286。

12　張庚，〈一定要重視總結經驗和交流經驗〉，《論戲曲表現現代生活》（北京：中國戲劇，1958 年）。轉引自《張庚文錄》3 卷（長沙：湖南文藝，2003 年），頁 67。

13　指 1958 年 4 月，周揚對杭州市越劇團和浙江紹劇團演員的談話。見江東，〈戲劇一定要表現新的群眾時代——記周揚同志和演員們的一次談話〉，《戲劇報》1958 年 9 期，頁 3－4。

14　張庚，《張庚文錄》3 卷，頁 70。

實質上保護傳統劇目,避免「一條腿走路」導致現代戲粗製濫造。

　　然而在 7 月 14 日,文化部副部長劉芝明發表題為〈為創造社會主義的民族的新戲曲而努力〉的總結報告,提出「以現代劇目為綱」的口號,要求戲曲工作者「苦戰三年,爭取在大多數的劇種和劇團的上演劇目中,現代劇目的比例分別達到20%至 50%。要爭取在三、五年內,有大批的現代劇目,在思想性、藝術性和表現技巧方面有更高的成就和有更多的保留劇目。」[15]劉芝明也解釋現代劇目所要反映的內容包括:「『五四』以來新民主主義革命時代、社會主義革命以及共產主義時代。」[16]

　　1958 年 7 月 15 日,中國共產黨中央宣傳部副部長周揚對出席文化部召開的戲曲表現現代生活座談會的全體代表和劇團講話。他說:「過去只是把戲曲遺產予以繼承與改造,但沒有充分地掌握它,用來表現新的時代。前一時期的戲曲改革,只能說是戲曲藝術的第一次革新,現在要進行的是它的第二次革新,就是要使戲曲藝術不僅適合新時代的需要,而且要使它能夠表現工農兵,表現新時代。」「戲曲表現現代生活,不僅是為了政治上的需要,社會主義建設的需要,也是為了戲曲藝術本身發展的需要。」[17]周揚意思是,戲曲藝術的第一次革新,

---

15 劉芝明,〈為創造社會主義的民族的新戲曲而努力〉,《戲劇報》1958年 15 期,頁 12。
16 同上註,頁 11。
17 本刊記者,〈周揚同志談戲曲表現現代生活〉,《戲劇報》1958 年 15期,頁 8。

重心在於修改整理傳統劇目，第二次革新，就要進入創造現代戲的新階段了。這確實是為了政治上的需要，阿甲也在〈談戲曲表現現代生活〉一文中指出：「要求反映現代的革命鬥爭生活，要求歌頌社會主義偉大的建設事業，成為這個時期戲曲發展的主導力量。」[18]新華社接著在 8 月 6 日發表題為〈以現代劇目為綱──戲曲表現現代生活座談會確定戲曲工作方針〉的新聞稿以後，「以現代劇目為綱」就實際取代了「兩條腿走路」的政策。[19]

　　「大躍進」運動掀起了戲曲現代戲創作的高潮，其特點包括：現代戲數量的激增、現代戲題材的拓展、現代戲創作水準的提高，以及普遍存在的粗製濫造的傾向。[20]這波現代戲熱潮在「大躍進」遭受挫敗之後，很快就消退了。

　　為了調整和完善戲曲劇目政策，1960 年 5 月 3 日，中國文化部副部長齊燕銘在「現代題材戲曲彙報演出大會」上，提出要在「兩條腿走路」政策的基礎上，加上提倡新編歷史劇，主張：「大力發展現代劇目；積極地整理、改編、上演優秀的傳統劇目；提倡以歷史唯物主義觀點，創作新的歷史劇目三者並舉。」[21]這就是著名的「三並舉」劇目政策的確立，即：現代劇、傳統劇、新編歷史劇三者並舉。自此，現代劇被堂而皇之地列為中國戲曲的重要內容之一。

　　下一波現代戲熱潮，要從源自 1963 年的華東現代戲高潮

---

18 阿甲，〈談戲曲表現現代生活〉，《戲劇報》1958 年 18 期，頁 30。
19 張庚主編，《當代中國戲曲》，頁 59。
20 同上註，頁 56−58。
21 同上註，頁 60。

說起。

　　為了回應毛澤東在八屆十中全會上宣導的「階級鬥爭」和「反修防修」，1963 年元旦，華東區兼上海市委書記柯慶施在上海文藝界聯歡會上講話，提出文藝要「寫十三年」的口號。傅謹指出，柯慶施的提議，「當然不像是對中央『改進和加強劇目工作』的要求的積極回應，而更像是在用更激進的政治表態，向中央文化部門施加壓力。……他似乎是刻意要表現得比起當時執掌宣傳文化部門的官員們更為進步，政治覺悟更高。」[22]

　　1963 年 12 月 25 日至 1964 年 1 月 22 日，華東地區話劇觀摩演出大會在上海舉行。來自華東各地 16 個劇團，一千多名演職人員參加了演出，是建國後華東最大規模的現代戲盛會。[23]以這次大會為契機，華東六省包括浙江、江蘇、安徽、山東、江西和福建，全面掀起了現代戲演出的高潮。[24]柯慶施主政的華東地區的現代戲運動得到了毛澤東的大力支持，1964 年初，在毛澤東關於文藝問題的「第一個批示」下達後，中央宣傳部和文化部的態度緊急轉向，由最初的消極抵制轉為全力擁護，啟動了加速推展現代戲的運動。

　　毛澤東關於文藝問題的「第一個批示」，是他在看過中宣部文藝處編印的《文藝情況》其中一篇題為〈柯慶施同志談抓

---

22 傅謹，《20 世紀中國戲劇史》下冊，頁 274。
23 見邢恩源，〈1963 至 1965 年華東現代戲運動新探〉，《黨史研究與教學》2013 年 3 期，頁 51。
24 同上註，頁 52。

曲藝工作〉的材料後發出的，[25]是極其明顯的文藝政策表態。大約與其同時，1963 年到 1964 年間，一場關於京劇演出現代戲的論爭也在報刊雜誌之間展開。

　　1964 年 6 月 5 日至 7 月 31 日，中國文化部在北京舉辦了京劇現代戲觀摩演出大會，有 19 個省、市、自治區的 29 個劇團、二千多人參加，共演出 35 個劇目，湧現出《紅燈記》、《蘆蕩火種》、《奇襲白虎團》、《智取威虎山》、《黛諾》、《六號門》、《節振國》、《草原英雄小姐妹》、《紅嫂》等一批塑造了新時代工農兵形象的劇目。[26]在華東現代戲運動和全國京劇現代戲觀摩演出大會的帶動下，從 1964 年下半年開始，中國大陸各大區、各省市，舉行了各種形式的現代戲演出。截至 1964 年 10 月，已經有北京、山西、陝西、甘肅、遼寧、吉林、山東、江蘇、安徽、福建、河南、湖南、湖北、廣東、廣西、四川等在內的省、市、自治區先後舉行了現代戲會演或觀摩演出。[27]1965 年 5 月至 7 月，東北、華東、華北、中南、西北等各大區也都先後舉辦了京劇現代戲會演或戲曲現代戲會演。[28]中國大陸又出現了大範圍的現代戲高潮。王安葵分析指出，「這一次大演現代戲與 1958 年不同，不只是為了藝術上的革新，更是國際國內『反修防修』政治鬥爭的需要。所以這一時期的現代戲評

25 見陳晉，〈「兩個批示」的由來及影響〉，《毛澤東思想研究》1997 年 5 期，頁 91。
26 見張庚主編，《當代中國戲曲》，頁 63。
27 〈戲劇舞臺成為社會主義教育有力陣地〉，社論，《人民日報》，1964 年 10 月 15 日，1-2 版。
28 見高義龍、李曉主編，《中國戲曲現代戲史》，頁 248。

論和研究更多是從政治著眼。」[29]確實，這次的現代戲運動跟大躍進時期相比，政治意味更加濃厚，更缺乏藝術批評的空間。

這波起自 1963 年華東的現代戲運動，紅紅火火地持續到 1966 年「文化大革命」爆發前不久才結束。至此，當代戲曲反映現代生活現實的要求已發展到了頂點。此後的「文革」時期，便是「樣板戲」的時代。

第二節　形式與內容的拉鋸

筆者於前面幾章已經談過戲曲改革過程的論爭中，關於形式與內容衝突的問題。1949 年一篇〈「移步」而不「換形」——梅蘭芳談舊劇改革〉的專訪，差點引發了一場公開批判。[30]1951 年反歷史主義（神話劇）論爭的起因，是以楊紹萱為代表的戲曲改革者，在戲曲新編古裝劇的形式中灌入表現社會主義革命與建設的內容，戲劇演出荒謬突梯，招致文藝界群起批判，戲改運動的高層也意識到創作現代戲以反映現代生活現實的重要。1954 年「戲曲的藝術改革問題座談會」上，馬彥祥開門見山指出：「我國京劇舞臺藝術需要不需要改革的問題，實際上就是京劇的內容和形式的矛盾需要不需要解決的問題。……解放以後，社會的經濟性質起了根本的變化，作為上

---

29 余从、王安葵主編，《中國當代戲曲史》，頁 503。
30 見張頌甲，〈梅蘭芳先生蒙「難」記〉，蔣錫武主編，《藝壇》1 卷（武漢：武漢，2000 年），頁 1－21。

層建築之一的戲曲藝術，從它的內容到形式也不可能不逐步地有所變化。」[31]他又說：「中央的戲改方針是先從內容入手，後改形式，所謂先移步後換形，這個步驟是正確的。」[32]這場座談會討論的對象多為戲曲的形式，然而其用意之一，便是為發展社會主義內容的戲曲現代戲作準備。

阿甲於 1958 年也說：「接受傳統和表現現代生活，主要是民族形式和社會主義內容結合的問題（其中當然也包括民主革命時代的內容）。這種結合首先是決定於生活不是決定於形式，舊的形式作為借鑒是十分重要的，但不能概括今天的生活。」[33]舊的形式既然不能概括今天的生活，就必須改革出新的形式。過去沒有新瓶，只能用舊瓶裝新酒，如今新瓶的製造已經略見成效，自然拿新瓶裝新酒更加合適。

戲曲表現現代生活，必然遭遇內容和形式的矛盾，然而隨著政治力量對於現代戲運動的推波助瀾，越來越多論者對於戲曲藝術形式的改造持肯定態度。如戴不凡認為，傳統戲曲藝術「不是一種已經凝固的，不能再加以革新發展的東西」，理由是它「還活在舞臺上，保持著和現實生活的聯繫」，即使像京劇這種比較古老、凝固的藝術形式：

> 既然可以把「八字步」這種被人目為在現代劇中沒有用
> 處的程式動作加以發展變化，運用得恰到好處（張家口

---

31 馬彥祥，〈是什麼阻礙著京劇舞臺藝術進一步的發展〉，《戲劇報》1954年第 12 期，頁 20。
32 同上註，頁 20。
33 阿甲，〈談戲曲表現現代生活〉，《戲劇報》1958 年 18 期，頁 33。

市京劇團的《八一風暴》),既然可以把更古老的崑腔〔山歌〕和今天的鄂西山歌結合得那麼自然（宜昌市京劇團的《茶山七仙女》),這就證明了這個劇種並不像雜劇院本那樣凝固難化。[34]

另一方面,他卻也點出京劇演出現代戲的困難:

在演現代劇的時候,如果一成不變地去唱京戲西皮二黃,那就不能不念和這種皮黃相適應的韻白、京白。但是,讓二十世紀六十年代的工人農民,去念那根據幾百年前的官話（中州音）或一二百年前的京片子加工提煉而成的「舞臺腔」,本身就是無法協調,甚至於還會引起大家發笑的。如果讓人物念普通話,那又會和唱腔的咬字以及它典雅的表演風格不一致。[35]

既然戲曲「從劇本到表演上的唱做念打、絲竹鑼鼓的風格」,是一個整體,欲克服戲曲現代劇內容和形式的矛盾,就「不能只對原來的形式作點滴的、局部的改革,而必須有全盤的、統一的藝術構思。」[36]這樣的改革實則工程浩大,難免又有破壞傳統藝術的疑慮,如此情況,便產生了「劇種分工論」與「題材局限論」。

---

34 戴不凡,〈必須從生活出發──淺談戲曲現代劇內容和形式的矛盾問題〉,《戲劇報》1963 年 7 期,頁 11。
35 同上註,頁 11－12。
36 同上註,頁 11－12。

一、劇種分工論

京劇現代戲的論爭中，有些文藝界人士認為京劇只適合演傳統戲和新編歷史劇（古裝劇），不適合演出現代戲，於是提出了「劇種分工論」，主張讓其他藝術形式較簡單，表演風格較生活化的劇種如評劇、曲劇和滬劇等去表演現代戲，與京劇分工。像是沈剛出於保護傳統戲曲的立場，說道：「現在有些人主張京劇取消程式，大演現代戲，可是他們並沒有想到其後果是什麼……（京劇）只能演歷史劇，這是由於它的固有程式所決定的。如果破壞了它的固有程式去演現代戲，那它決不可能還是京劇，只能成為另一個什麼劇種了。」[37]

章周也根據英國心理學家布洛（Edward Bullough, 1880-1934）提出的「心理距離說」，認為京劇不適合表現現代題材：「根據這種理論，只有把對象放在一定距離之外，我們才能鑒賞它，否則，我們就會同它同呼吸共命運了。」他指出和現代人距離較近的現代題材，以及距離較遠的傳統題材的不同：「那些表現現代題材為主的劇種，我們要求形式的真實（美是含於其中的）；而對那些以表演古代題材為主的劇種，我們則要求形式的美。對於不真實的細節——它們是如此頻繁的出現——我們則認為是在『演戲』而加以原諒。」也就是說，前者要求的是真實，後者要求的是形式美。依此邏輯，表演古代題材為主的京劇需要的是形式美，並不適合表現心理距離太

---

37 沈剛，〈「演什麼」和「給誰看」〉，《北京日報》1964 年 2 月 18 日。
　　轉引自田本相主編，劉方正著，《中國戲劇論辯》下冊，頁 832。

近的現代題材。他並且堅持京劇的傳統性：「如果我們拋棄了京劇在化妝、表演、念詞等多方面的特點，而只吸收了唱腔音樂和若干個別的技巧，便把這種新劇種稱之為京劇，那是不甚妥當的……就嚴格意義上的『古典藝術』京劇來說，是不適於表現現代題材的。」[38]

章周主張審美的「心理距離說」，雖有一定道理，但在當時反映論為主的現實主義美學籠罩下，主流理論是藝術真實地反映現實，其論調注定不合時宜。

果不其然，時弢針對「距離說」指出：「很明顯，『距離說』是抽掉內容、思想的一種形而上學的為藝術而藝術的唯心主義美學觀點，真善美在這裡是分割對立的。」他援引社會主義現實主義的美學觀，主張這種積極的現實主義、社會主義指導的現實主義，對於「包括京劇在內的革命文藝的首要要求」，「就是反映現實，給今天的觀眾以教育鼓勵，讓它和今天的時代、觀眾『同呼吸』……提倡老的戲曲演出現代戲，也正是從這個要求出發的。」而「距離說」在他眼中看來，將藝術與生活現實拉開距離，宣稱藝術與實際人生之間須有一定距離才能加以欣賞，是一種「藝術脫離現實」的「號召」。[39]

同樣反對「藝術脫離現實」，本著藝術從屬於政治，文藝反映社會主義革命和社會主義建設的原則，沙丁明確反對「分工論」：「一切劇種在當前以及今後的發展中，應該以演出現代

---

38 見章周，〈京劇不適合表現現代題材〉，《北京日報》1964 年 2 月 5 日。轉引自田本相主編，劉方正著，《中國戲劇論辯》下冊，頁 832。

39 見時弢，〈「共鳴」與「距離」〉，《北京日報》1964 年 2 月 25 日。轉引自田本相主編，劉方正著，《中國戲劇論辯》下冊，頁 833。

戲為主，特別是要以反映社會主義建設、共產主義教育的題材為主，這是一個根本方向問題……方向問題是藝術生命攸關的問題，是我們文藝工作者絕對不能動搖或讓步的問題。」[40]

二、題材局限論

與「劇種分工論」相類似，一些論者提出「題材局限論」來試圖解釋京劇不適合演出現代戲。

余開偉的論點是：「戲曲表現現代生活，首先要注意題材選擇問題。每一個藝術種類，都有著自己特殊的表現手法和特殊的藝術功能，因而在表現的範圍和容量上也將有著特殊的要求，並將受到本身形式特點的制約。」他舉出一正一反的例子：「《智取威虎山》，京劇演起來比話劇更有特色，《第二個春天》要搬上京劇舞臺，就未必比話劇更有光彩。」[41]

劉心武和黃得人更認為，京劇不必「大量反映最當前的現實生活」。他們提出了三類特別適宜用京劇形式表演的現代戲：

（一）反映少數民族生活鬥爭的現代戲。如《草原烽火》、《柯山紅日》之類。民族服裝、民族風俗、特異的情調，往往彌補了古老藝術形式與現代內容之間的差

---

40 沙丁，〈內容・形式・分工〉，《北京日報》1964 年 2 月 5 日。轉引自田本相主編，劉方正著，《中國戲劇論辯》下冊，頁 832－833。

41 余開偉，〈漫談戲曲反映現代生活〉，《新疆文學》1963 年第 11 期。轉引自華迦、關德富，《關於幾個戲曲理論問題的論爭》，頁 22。

距……（二）內容富有傳奇風味，雖是現代題材，卻可
以在服裝、場景上有異於觀眾日常生活所見，如《智擒
慣匪座山雕》之類……（三）與觀眾生活有一定距離的
革命歷史劇，或反映過去革命鬥爭生活的現代戲，如《八
一風暴》、《白毛女》之類。[42]

這裡可以引用「心理距離說」來檢視他們提出的三類現代
戲，確實都是與日常生活拉開一定距離的題材，雖然其劇中故
事都發生在現代。

「題材局限論」自然也遭致反對。如陳富年和劉恩義說：
「我們只應從內容出發，大膽而又審慎地進行推陳出新，使形
式能較快地適應內容，卻不能因此得出結論說：這類題材不能
演，而放棄對於它的探索和嘗試。」[43]戲曲反映現代生活現實
早已是板上釘釘的事，京劇又是中國最大的劇種，京劇舞臺上
演出現代戲已經不是要不要的問題，而是如何演的問題。

第三節　新瓶裝新酒的爭議

京劇演出現代題材，始於清末的時裝新劇。而「戲曲現代

---

42 劉心武、黃得人，〈京劇不宜表現最當前的現實生活〉，《北京日報》
1964 年 3 月 3 日。轉引自田本相主編，劉方正著，《中國戲劇論辯》下
冊，頁 834。
43 陳富年、劉恩義，〈更好地反映我們偉大的時代〉，《四川日報》1963
年 12 月 8 日。轉引自田本相主編，劉方正著，《中國戲劇論辯》下冊，
頁 834。

戲」包括京劇現代戲，則始於抗日戰爭時期以延安為中心的陝甘寧邊區。[44]京劇現代戲剛開始是採用「舊瓶裝新酒」的方法編演。「舊瓶」是指傳統京劇的情節框架和表現形式，「新酒」則是新的現代生活現實內容。[45]1963－1964 年間，京劇現代戲對於戲曲傳統形式的繼承與革新已有相當成績，可謂之「新瓶裝新酒」。

一、京劇姓京

京劇將內容置換為現代題材，先「移步」後「換形」，而這「換形」之後的京劇，還能稱為京劇嗎？還像不像京劇？能否允許它不像京劇？這些疑問統合起來，可以名之為「京劇姓京」的問題。

鄧龍貴舉出京劇的歷史加以說明，認為戲曲改革出現代戲之後，不必再去執著它還是不是京劇，像不像京劇。他質疑：傳統的京劇也是從徽腔、楚調、山西梆子等等之中改出來的，之後就有了個「京劇」的新名字，而不再叫從前的名字，現在為何不能打破「改了之後還是不是京劇」的框架？比如《白毛女》一劇，「楊白勞穿破棉襖，挑豆腐擔上場，不管唱的是西皮還是二黃，這確確實實已經不再是『京劇』。不是有人挖苦它不倫不類，不像『京劇』嗎？不像就不像，改革這又何苦一

---

44 見高義龍、李曉主編，《中國戲曲現代戲史》，頁 22－34，頁 75－103。
45 同上註，頁 97。

定為了爭『京劇』這個名稱,就束縛了手腳呢?」[46]

　　與鄧龍貴的意見相反,佃基認為改革後的京劇仍然是京劇。京劇要表現現代生活,其形式就要適應新內容的要求而有所革新,「在繼承傳統的基礎上,批判地吸取那些對表現現代生活有借鑒作用的東西,加以革新後而運用之」,同時,「必須突破傳統的束縛,大膽地進行創造。」[47]他點出那些指責京劇現代戲的人士所謂的「像」與「不像」:「老的唱腔、舊的程式、原封不動搬用老傳統,就是這裡所謂的「像」;反之,這裡所謂的「不像」,就是指的不像老的唱腔、舊的程式、原封不動的老傳統。說來說去,所謂像與不像的標準只是一個:即舊的、定型的、凝固的京劇藝術形式。」他判定這是「保守思想的反映」,也是「形式主義觀點」。[48]

　　佃基表示:「我們必須明確,用京劇形式表現現代生活,必須從生活出發,從內容出發,從人物出發,而不是從形式出發。」[49]「如果是從生活出發、從內容出發,我們運用京劇形式反映現代生活的時候,首先考慮的,不是所謂像不像京劇的問題,而是首先考慮像不像劇中人的問題。」[50]他並批評迷戀傳統的人:「他們所謂京劇演現代戲,就是以傳統形式來套現代人物,把傳統表演程式原封不動地搬上舞臺就行。我們說,

<hr>

46 鄧龍貴,〈先拿出戲來最要緊〉,《北京日報》1964 年 2 月 29 日。轉引自田本相主編,劉方正著,《中國戲劇論辯》下冊,頁 835-836。

47 見佃基,〈從「像」與「不像」談京劇表演藝術革新成敗的標準〉,《山東文學》1964 年 4 期,頁 40-41。

48 同上註,頁 41。

49 同上註,頁 41。

50 同上註,頁 42。

這不是用京劇形式來演現代人物，而是用現代人物來演京劇傳統形式了。」[51]

「京劇姓京」的問題，與西方「忒修斯之船」（ship of Theseus）的悖論類似：忒修斯之船的木頭被逐步更換，直到所有的木頭都不是原來的木頭，那麼這艘船還是不是原來的那艘船？還能不能稱之為「忒修斯之船」？當京劇的內容改為現代題材，形式上弱化除了唱腔之外的所有表演程式，改成寫實的表演風格，這樣的表演藝術還能不能稱為京劇？「忒修斯之船」問題有各式各樣的回答，而當代戲曲包括京劇，從中華人民共和國成立到文革開始前，如筆者之前討論過的，一直有著戲劇真實、社會主義現實主義，乃至現代生活現實的趨向。「戲劇的真實」主要指向現實主義話劇的真實美學看齊；「社會主義現實主義」傾向主要是符合社會主義政權的政治標準；「現代生活現實」傾向是「社會主義現實主義」傾向的升級，政治標準提升到如實反映現代的現實。如此當代戲曲，或名之「新戲曲」[52]，是否仍然可稱為「戲曲」？或許這只是一個命名的問題，然而如同孫玫所言，這種「新戲曲」：「無論是藝術生產方式，還是主旨立意或藝術風貌，新戲曲均與傳統戲曲大

---

51 同上註，頁 41。

52 孫玫使用的「新戲曲」一詞，源自 1950 年 9 月中國文化部戲曲改進局創辦的《新戲曲》月刊。「新戲曲」的範圍遠大於戲曲現代戲，不僅包括了現代戲和新編古裝戲，還包括了經過意識形態「清洗」和舞臺表現「淨化」的傳統劇目／老戲碼。參見孫玫，〈政治變遷與藝術轉型──略論新戲曲的形成與發展〉，《徜徉於劇場與書齋：古今中外戲劇論集》（台北：秀威，2014 年），頁 126。狹義的「新戲曲」也可專指戲曲現代戲，參見張庚，〈新戲曲在邁步前進──在晉南專區第二屆現代劇觀摩演出大會上的報告〉，《張庚文錄》3 卷，頁 31。

相逕庭。若就完整的生存形態而非部分僅存的具體的劇目而言，傳統戲曲已經消逝。」[53]

二、話劇加唱

另一個與像不像京劇的問題相關的是「話劇加唱」的爭論。這個問題的論爭從 1964 年開始，一直持續到 1982 年。[54]「話劇加唱」的表述未必準確，但也直觀地表達了當時人們對於戲曲現代戲的感受：不像傳統戲曲，倒像現實主義話劇，簡直是話劇中穿插了戲曲的唱段。而且與傳統戲不同，現代戲中的情節比重增加，偏於寫實，說白不采用傳統京劇的韻白，而改說近似京白的普通話。聽慣湖廣音和中州韻的老觀眾感覺不順耳，老覺得像在看話劇。[55]

支持與肯定「話劇加唱」的人士，認為話劇的表演風格比較接近生活，戲曲在舞臺上表現現代生活，自然要學習話劇的經驗，雖然有些人以傳統的觀念看待這些表演傾向寫實的戲曲現代戲，比如陳人之指出的：「有的人看了秦劇、京劇、豫劇、越劇演出的現代劇以後說：『這是話劇加秦腔』，『這是話劇加京劇』……含有輕視和鄙薄的意思；也有人感到不習慣，思想上轉不過彎來。」然而他仍對京劇現代戲的前景持樂觀態度：

---

53 孫玫，〈西方影響、社會變革與中國戲曲之現代轉型〉，《中國戲曲跨文化再研究》，頁 137。
54 見田本相主編，劉方政著，《中國戲劇論辯》下冊，頁 836。
55 見孫玫，〈西方影響、社會變革與中國戲曲之現代轉型〉，《中國戲曲跨文化再研究》，頁 123－124。

「可以斷言，西皮加二黃的京劇受到了千百萬人的喜愛，京劇加話劇這個新歌劇，也必然會受到廣大人民群眾的喜愛。」[56]

京劇導演張艾丁更是「話劇加唱」的擁護者，他說：「我們今天來搞京劇現代劇，是意味著向話劇學習的問題……把話劇的優點取來，再加上戲曲的特點——唱，使之能夠更好地表現新的英雄人物，這有什麼不好呢？」因此，他認為，「京劇的現代劇，在今天，如果能達到『話劇加唱』的程度，那就應該說是好得很！而且，我還以為：在今天搞京劇的現代劇，就必須『話劇加唱』！」[57]

也有學者不同意「話劇加唱」的拼貼作法，張胤德就主張京劇演現代戲，向話劇及其它兄弟藝術學習時，「總要以『為我所用』為前提，使其儘量化為京劇的東西。用『加法』是不成的。京劇的特點，我想也決非僅是唱，還有表演、念白和音樂等等……認定今天必須『話劇加唱』，那將來它的『獨特風格和形式』又從哪裡來呢？」[58]

改革開放後，亦有學者認為「話劇加唱」並非正確表述，如孟繁樹指出：「『話劇加唱』實際上只能說是一種比喻，而不是一個嚴格的命題。因為，真正意義上的『話劇加唱』的現代戲是不存在的，至今人們還不能指出哪一齣現代戲就是『話劇加唱』。」他的理由是：「聲腔是劇種的重要組成部份和主要標

---

56 陳人之，〈為現代劇喝采〉，《甘肅文藝》1964 年 4 期。轉引自田本相主編，劉方正著，《中國戲劇論辯》下冊，頁 836。

57 張艾丁，〈明確認識，深入生活〉，《北京文藝》1964 年 4 期。轉引自田本相主編，劉方正著，《中國戲劇論辯》下冊，頁 837。

58 張胤德，〈也談「話劇加唱」〉，《北京日報》1964 年 4 月 25 日。轉引自田本相主編，劉方正著，《中國戲劇論辯》下冊，頁 838。

誌，也是中國戲曲的主要特徵之一。因此，一個劇種只要保持了它的基本唱腔，而它的舞臺動作雖然生活化一些，這並沒有改變該劇種的性質；也就是說，它仍然是戲曲，而不是別的什麼。」[59]

小　結

　　吳乾浩認為，「劇種分工論」、「劇種側重論」等爭議的產生，是發生在「大躍進」運動熱度降溫之後，京劇表現現代生活遭到質疑，因此藝文界有些人提出讓京劇演傳統戲，年輕的劇種演出現代戲的想法：「有人認為古老劇種可以選擇現代少數民族生活、革命歷史劇與帶有傳奇風味的題材進行創作，承認差異，從而提出了『題材局限論』。」[60]前述三類題材在時間上屬於現代，然而與當代「社會主義革命和社會主義建設」，即與柯慶施倡導的「大寫十三年」內容之間還有著相當的距離。因為「現代戲所指稱的『現代』，並不純粹是一個時間概念，」而現代戲採用的「現代題材」，「多數場合是有它特定指稱的——它是指所謂的當代題材與革命歷史題材，也即基本上被局限於中國共產黨史與 1949 年以後的中國當代史的範圍之內。」

59 孟繁樹，《中國戲曲的困惑》（北京：中國戲劇，1988 年），頁 127－128。

60 見吳乾浩，〈第十七章 戲曲理論研究的開拓與深入〉，張庚主編，《當代中國戲曲》，頁 609－610。

61

　　京劇表現現代生活的論爭，表面上爭論的都是技術層面的、藝術形式上的問題，然而這些議論的最後裁判，仍然是〈在延安文藝座談會上的講話〉提出的政治標準第一，藝術標準第二。[62]政治對京劇的要求不只是思想上符合政治標準，更必須真實地反映現代生活的現實，表現社會主義的革命與建設，如此方能號召人民群眾投入革命與建設。即使如此，仍可從這場論爭所探討的問題中，隱約察覺到其背後戲曲真實美學與現實主義話劇真實美學的持續角力。

---

61 見傅謹，《20 世紀中國戲劇史》下冊，頁 281。
62 見毛澤東，〈在延安文藝座談會上的講話〉，轉引自《毛澤東論文藝》（北京：人民文學，1958 年），頁 72－74。

結　論

　　本書研究範圍局限於「十七年」，即中華人民共和國成立到文革之前中國大陸的六場戲曲論爭，較少涉及戲曲表導演和戲曲劇本創作，如欲證明本文提出的三種傾向可否應用於後二者，或可作為論文方向一試。

　　由本文對中國大陸當代六場戲曲論爭的分析可知，當代戲曲論爭同時存在三種傾向，隨著戲改運動的進展、時代的前行，其影響力大致上從「戲劇真實」、「社會主義現實主義」，朝向「現代生活現實」的傾向依序轉移。

　　筆者在此重述在緒論中對這三種傾向的簡單定義，以方便與本節的六場戲曲論爭相對照：

　　一、「戲劇的真實」可以分為三層涵義，第一是現實主義話劇的真實美學，第二是戲曲的真實美學，第三是一般意義上戲劇從創作、演出到觀眾想像中呈現的真實。

　　二、「社會主義現實主義」傾向主要是社會主義政權的政治標準，並包含現實主義的真實美學。

　　三、「現代生活現實」的傾向是「社會主義現實主義」的升級，政治標準提升至反映現代生活的現實。

接著列出六場戲曲論爭：

一、反歷史主義（神話劇）論爭（1951－1952 年）

二、「戲曲藝術改革問題座談會」論爭（1954－1955 年）

三、「推陳出新」論爭（1956－1959 年，1960－1963 年）

四、「戲曲藝術革新」論爭（1960－1961 年）

五、鬼戲論爭（1953 年，1956 年，1963－1965 年）

六、京劇表現現代生活論爭（1963－1964 年）

六場戲曲論爭的議題與其「真實」的傾向總結如下：

反歷史主義（神話劇）論爭表面上爭論的是「歷史真實」的問題，但實質上爭論的問題是：「什麼是現實主義真實？」或者：「什麼是正確的現實主義創作方法？」反歷史主義者對「現實主義真實」的理解偏差，以致在神話劇和歷史劇創作中將現代生活現實取代歷史現實，造成荒謬突梯的效果，不但丟掉了「現實主義真實」，也連帶流失了「戲劇的真實」。然而追問反歷史主義者為何有如此作為，我們很驚訝地發現，他們的初衷竟是為了真實地反映現代生活現實，因為戲曲現代戲發展的速度趕不上需求，他們只好借用神話劇和歷史劇反映現代生活了。

「戲曲藝術改革問題座談會」論爭核心的議題是：「戲曲藝術性質屬於現實主義或寫意？」實際就是現實主義話劇真實美學與戲曲真實美學的交鋒。在「社會主義現實主義」的傾向驅動之下，這場論爭毫無懸念是主張現實主義美學的一方占上風。若追問這次座談會舉辦的目的，同樣也可發現戲曲藝術的傳統形式與新的內容不協調的問題，戲曲工作主事者意欲藉由

座談推動戲曲藝術形式的改革，以達成戲曲表現現代生活的目標。

「推陳出新」論爭的焦點，是傳統劇目中封建道德是否有人民性的問題。張庚和郭漢城等戲曲工作高層利用「百花時期」的寬鬆政治氣氛，原本將重心放在傳統劇目的推陳出新，以為修改整理後的戲曲即可滿足「社會主義現實主義」的要求，沒想到社會主義現實主義再次教條化後，傳統戲經過整理改編，其內容即使具有人民性，仍然不能表現「現代精神」，解決之道唯有發展戲曲現代戲，政治的要求遂升級至反映現代生活的現實。

「戲曲藝術革新」論爭討論的是傳統戲曲形式能否表現現代生活現實的問題，某種程度上可以視為「戲曲藝術改革問題座談會」論爭的延續，仍舊存在現實主義話劇真實美學與戲曲真實美學的交鋒，「現代生活現實」的傾向持續發揮作用。雖然沒有 1954 年那場論爭盛大，論爭確實深化了對於傳統戲曲形式，包含行當、程式化動作（包含虛擬動作）、分場的編劇法等等的認識。單就戲曲現代戲對於傳統的繼承與創新來說，這場論爭有其積極的意義。

鬼戲論爭前後發生過三次，跨越的時間較長，正好可以旁證「十七年」中的三個時期各有其著重的傾向：第一次論爭發生於建政初年，馬健翎的改編本《遊西湖》備受批評，理由是劇情違反一般意義上「戲劇的真實」，馬健翎後來甚至在電影版劇本中將李慧娘改回鬼魂的形象；第二次論爭時值「百花時期」，開放包含鬼戲的眾多禁戲之後，引發報刊上的討論，在當時較為寬鬆的政治氣氛中，只要證明鬼戲未必迷信，即可符

合「社會主義現實主義」的標準；第三次論爭轉向政治批判，已是文革的前夕，反映「現代生活現實」傾向主導下，藝術為政治服務的邏輯發展到極端，除現代戲之外，一切古裝劇和歷史劇皆有「以古喻今」之嫌。

京劇表現現代生活論爭，歸納起來大致是京劇表現現代生活現實是否合適，以及如何表現現代生活的問題。政治的要求升級到反映現代的現實，因此前一個問題包括「劇種分工論」和「題材局限論」等，其實不須討論，京劇發展的方向早已決定。剩下的是後一個問題，衍生出「京劇姓京」和「話劇加唱」等，都是時至今日仍然爭論不休的熱點，探究此類議題的根源，還是戲曲真實美學與現實主義話劇真實美學百年來不斷的衝突與交融。

再對六場論爭加以分類，第一、三、五場關乎戲曲的內容，第二、四、六場則主要爭論戲曲的形式，且與戲曲現代戲有直接關聯。從另一個角度來看，第一、三、五場論爭與戲曲現代戲沒有直接關聯，但仍可找出隱約的關聯。

中國大陸當代戲改本是「先移步，後換形」，第一場反歷史主義（神話劇）論爭的「反歷史主義者」在尚未「換形」的情況下，迫不及待地利用神話劇和歷史劇來表現現代的現實，結果是慘遭文化主管高層和眾多藝文人士圍剿。第三場「推陳出新」論爭大致論辯傳統劇目的封建道德問題，然其結論卻是傳統劇目不足以表現「現代精神」，解決之道唯有創作現代戲。第五場鬼戲論爭則以一種更為迂迴的方式來展現：「現代生活現實」傾向主導下，藝術絕對從屬於政治，所有文藝作品皆有其政治功能，新編古裝劇中的鬼戲遂難脫「以古喻今」之嫌。

　　經由前幾章的探索，已可大略勾勒出中國大陸當代六場戲曲論爭的輪廓。如同緒論中所述，當代戲曲論爭的三種傾向各有其政治或藝術標準的偏重：「戲劇真實」主要偏重藝術標準；「社會主義現實主義」已偏向政治標準，但仍有藝術標準的要求；「現代生活現實」的傾向自然以政治標準為優先。此三種傾向不但可解釋「十七年」戲曲論爭的趨勢，且能說明各場論爭中的起始與結果。

參考文獻

一、專　書

J.L.斯泰恩（J.L.Styan）著，周誠等譯，《現代戲劇的理論與實踐》（*Modern Drama In Theory and Practice*），北京：中國戲劇，1986年。

中共中央文獻研究室編，《毛澤東文集》，北京：人民，1996年。

中共中央文獻研究室編，《建國以來毛澤東文稿》，北京：中央文獻，1996年。

中共中央馬克思恩格斯列寧斯大林著作編譯局編譯，《馬克思恩格斯全集》，北京：人民，1956－1983年。

中國科學院文學研究所馬克思主義文藝理論叢書編輯委員會編，《毛澤東論文藝》（增訂本），北京：人民文學，1992年。

中國科學院文學研究所馬克思主義文藝理論叢書編輯委員會編，《毛澤東論文藝》，北京：人民文學，1958年。

毛澤東，《毛澤東選集》，北京：人民，1977年。

毛澤東，《毛澤東選集》，北京：人民，1991年，2版。

王國維，《王國維論學集》，北京：中國社會科學，1997年。

王培元，《在朝內166號與前輩魂靈相遇》，北京：人民文學，
2007年。

王韜，《漫遊隨錄》，長沙：岳麓書社，1985年。

包忠文主編，《當代中國文藝理論史》，南京：江蘇教育，
1998年。

布爾索夫著，劉甯、劉保譯，《俄國革命民主主義者美學中的
現實主義問題》，北京：中國社會科學，1980年。

田本相主編，田本相、宋寶珍、劉方正著，《中國戲劇論辯》，
南昌：百花洲文藝，2007年。

田漢，《田漢全集》17卷，石家莊：花山文藝，2000年。

伍蠡甫、蔣孔陽、秘燕生編，《西方文論選》，上海：上海譯文，
1988年。

安東・契訶夫（Anton Chekhov）著，汝龍譯，《契訶夫論文學》，
北京：人民文學，1958年。

安葵，《張庚評傳》，北京：文化藝術，1997年。

朱光潛，《西方美學史》，北京：人民，2002年，2版。

何其芳，《何其芳全集》3卷，石家莊：河北人民，2000年。

余从、王安葵主編，《中國當代戲曲史》，北京：學苑，
2005年。

李運摶，《現代中國文學思潮新論》，桂林：廣西師範大學，
2011年。

沈雲龍主編，《近代中國史料叢刊》7輯，67冊，臺北：文海，
1972年。

車爾尼雪夫斯基（Nikolay Chernyshevsky）著，繆靈珠譯，《美

學論文選》，北京：人民文學，1957 年。

亞里士多德（Aristotle，即「亞里斯多德」）著，陳中梅譯注，
　　《詩學》，北京：商務印書館，1996 年。

周揚，《周揚文集》1 卷，北京：人民文學，1984 年。

周揚，《周揚文集》2 卷，北京：人民文學，1985 年。

周揚，《周揚文集》3 卷，北京：人民文學，1990 年。

周寧主編，《20 世紀中國戲劇理論批評史》，濟南：山東教育，
　　2013 年。

孟繁樹，《中國戲曲的困惑》，北京：中國戲劇，1988 年。

柏拉圖（Plato）著，朱光潛譯，《柏拉圖文藝對話集》，北京：
　　人民文學，1963 年。

洪子誠，《中國當代文學史》（修訂版），北京：北京大學，2007
　　年，2 版。

胡華主編，《中國社會主義革命和建設史講義》，北京：中國人
　　民大學，1985 年。

孫玫，《中國戲曲跨文化再研究》，台北：文津，2012 年。

孫玫，《徜徉於劇場與書齋：古今中外戲劇論集》，台北：秀威，
　　2014 年。

孫慶升，《中國現代戲劇思潮史》，北京：北京大學，1994 年。

馬少波，《戲曲改革論集》，上海：新文藝，1953 年。

馬克西姆‧高爾基（Maxim Gorky）著，孟昌、曹葆華、戈寶
　　權譯，《論文學》，北京：人民文學，1978 年。

高文升主編，《中國當代戲劇文學史》，南寧：廣西人民，
　　1990 年。

高義龍、李曉主編，《中國戲曲現代戲史》，上海：上海文化，

1999 年。

勒內・韋勒克（René Wellek），羅鋼、王馨缽、楊德友譯，《批評的諸種概念》（Concepts of Criticism），上海：上海人民，2015 年。

張之薇主編，《當代戲曲研究卷》，合肥：安徽文藝，2015 年。

張玉能、陸揚、張德興等著，《西方美學通史・第五卷：十九世紀美學》，上海：上海文藝，1999 年。

張光年，《戲劇的現實主義問題》，北京：中國戲劇，1957 年。

張庚，《張庚文錄》，長沙：湖南文藝，2003 年。

張庚，《張庚戲劇論文集（1949－1958）》，北京：中國社會科學，1981 年。

張庚，《張庚戲劇論文集（1959－1965）》，北京：文化藝術，1984 年。

張庚主編，《當代中國》叢書編輯部編，《當代中國戲曲》，北京：當代中國，1994 年。

張真，《張真戲曲評論集》，北京：中國戲劇，1992 年。

曹葆華等譯，《蘇聯文學藝術問題》，北京：人民文學，1953 年。

郭志剛，《中國當代文學史初稿》上冊，北京：人民文學，1980 年。

郭紹虞、羅根澤主編，《中國近代文論選》，北京：人民文學，1981 年。

郭漢城，《戲曲劇目論集》，上海：上海文藝，1981 年。

郭漢城、章詒和，《師友集》，北京：中國戲劇，1994 年。

陳平原編，《二十世紀中國小說理論資料》，北京：北京大學，

1997 年。

陳順馨,《社會主義現實主義理論在中國的接受與轉化》,合肥:
　　安徽教育,2000 年。

陳曉明,《中國當代文學主潮》,北京:北京大學,2009 年。

陳獨秀,《陳獨秀著作選》,上海:上海人民,1993 年。

傅謹,《20 世紀中國戲劇史》下冊,北京:中國社會科學,
　　2017 年。

傅謹,《二十世紀中國戲劇導論》,北京:中國社會科學,
　　2004 年。

焦尚志,《中國現代戲劇美學思想發展史》,北京:東方,
　　1995 年。

童慶炳,《馬克思與現代美學》,北京:高等教育,2004 年。

童慶炳主編,《20 世紀中國馬克思主義文藝理論研究》,北京:
　　北京大學,2012 年。

華迦、關德富,《關於幾個戲曲理論問題的論爭》,北京:文化
　　藝術,1986 年。

馮雪峰,《雪峰文集》,北京:人民文學,1983 年。

塔塔爾凱維奇(Władysław Tatarkiewicz)著,劉文潭譯,《西
　　洋六大美學理念史》(*A History of Six [Aesthetic] Ideas*),
　　臺北:丹青,1987 年。

楊春時主編,《中國現代文學思潮史》,南京:南京大學,
　　2011 年。

溫儒敏,《新文學現實主義的演變》,北京:北京大學,
　　1988 年。

葉水夫主編,《蘇聯文學史》,北京:中國社會科學,1994 年。

葉永烈，《「四人幫」興亡》，北京：人民日報，2009 年。

葛一虹主編，《中國話劇通史》，北京：文化藝術，1990 年。

達米安‧格蘭特（Damian Grant）著，周發祥譯，《現實主義》（*Realism*），北京：崑崙，1989 年。

蔣錫武主編，《藝壇》1 卷，武漢：武漢，2000 年。

盧洪濤，《中國現代文學思潮史論》，北京：中國社會科學，2005 年。

戴鴻慈，《出使九國日記》，長沙：岳麓書社，1986 年。

謝‧奧布拉茲卓夫（С.Сбраэцов）著，林耘譯，《中國人民的戲劇》，北京：中國戲劇，1985 年。

謝冕、洪子誠主編，《中國當代文學史料選》，北京：北京大學，1995 年。

二、工具書

中國京劇百科全書編輯委員會編，《中國京劇百科全書》，北京：中國大百科全書，2011 年。

中國戲曲志編輯委員會編，《中國戲曲志‧北京卷》，北京：中國 ISBN 中心，1999 年。

張品興、殷登祥等主編，《中華當代文化名人大辭典》，北京：中國廣播電視，1992 年。

黃鈞、徐希博主編，《京劇小辭典》，上海：上海辭書，2009 年。

三、學位論文

王成誠,《建國初期傳統文化政策研究（1949－1966）》,山東
　　師範大學歷史系碩士論文,2010 年 4 月。

孫豐俊,《1949－1960 的京劇批評論爭——以報紙期刊為中心
　　研究》,中國戲曲學院戲曲文學系碩士論文,2014 年 5 月。

荊博,《「十七年」戲劇批評的政治美學闡釋》,中國傳媒大學
　　戲劇戲曲研究所博士論文,2012 年 4 月。

四、期刊與雜誌文章

〈反對戲曲工作中的過于執〉,社論,《戲劇報》1956 年 6 期,
　　頁 4－5。

〈文化部負責人——談豐富戲曲上演劇目問題〉,《戲劇報》
　　1956 年 7 期,頁 8。

〈發掘整理遺產,豐富上演劇目〉,社論,《戲劇報》1956 年 7
　　期,頁 4－5。

〈關於上演「鬼戲」有害還是無害的爭論〉,《戲劇報》1963
　　年 9 期,頁 59－63。

〈關於戲曲的藝術改革問題〉,專欄,《戲劇報》1954 年 12 期,
　　頁 9－10。

〈關於戲曲藝術革新的討論〉,專欄,《戲劇報》1960 年 10 期,
　　頁 4。

巴地,〈戲曲藝術形式的繼承和創造——就正於馬科、馬彥祥

同志〉,《戲劇報》1961 年 5 期,頁 24－28。

牙含章、唐亥,〈無神論教育與「鬼戲」問題〉,《戲劇報》1964 年 5 期,頁 39－44。

王向遠,〈中國早期寫實主義文學的起源、演變與近代日本的寫實主義〉,《中國文化研究》1995 年 4 期,頁 109－114。

王雁,〈關於戲曲傳統形式的我見〉,《戲劇報》1961 年 Z7 期（19－20 期合訂本）,頁 60－63。

王鍾陵,〈粗暴與保守之爭及其合題:京劇革命——樣板戲興起的歷史邏輯及其得失之考察〉,《學術月刊》2002 年 10 期,頁 72－84。

本刊記者,〈周揚同志談戲曲表現現代生活〉,《戲劇報》1958 年 15 期,頁 8－9。

田漢,〈一年來的戲劇工作和劇協工作——一九五四年十月五日在中國文聯全國委員會、十月八日在劇協常務理事會上的報告〉,《戲劇報》1954 年 10 期,頁 3－6。

白雪塵,〈「現實主義的真實性」與「本質真實」〉,《天津大學學報（社會科學版）》2006 年 4 期,頁 277－280。

曲六乙,〈鬼魂戲管窺——兼及建國以來鬼魂戲的論爭〉,《文藝研究》1979 年 1 期,頁 78－86。

曲六乙,〈漫談鬼戲〉,《戲劇報》1957 年 7 期,頁 4－7。

朱卓群,〈不要混淆人民性和封建性的政治界限——再評張庚同志「忠孝節義有人民性」的論點〉,《戲劇報》1960 年 5 期,頁 32－36。

朱卓群,〈從如何理解人民性說起——與張庚同志商榷〉,《戲劇報》1960 年 2 期,頁 27－29。

江東，〈戲劇一定要表現新的群眾時代——記周揚同志和演員
　　們的一次談話〉，《戲劇報》1958 年 9 期，頁 3－4。

老舍，〈談「粗暴」和「保守」〉，《戲劇報》1954 年 12 期，頁
　　10－11。

佃基，〈從「像」與「不像」談京劇表演藝術革新成敗的標準〉，
　　《山東文學》1964 年 4 期，頁 40－42。

何風雨，〈藝術真實：從社會必然性到「新理性」——文藝理
　　論課程改革中的馬克思恩格斯現實主義真實性原則反
　　思〉，《欽州學院學報》2012 年 2 期，頁 1－5。

何輝斌，〈國人對「莎士比亞化」和「席勒式」的誤讀與建構〉，
　　《文化藝術研究》9 卷 2 期（2016, 4），頁 114－122。

吳祖光，〈談談戲曲改革的幾個實際問題〉，《戲劇報》1954 年
　　12 期，頁 15－19。

李寅，〈「推陳出新」與正確對待戲曲遺產——兼評張庚同志的
　　若干論點及其他〉，《戲劇報》1960 年 7 期，頁 22－27。

李雲，〈重返現場：「十七年文藝」的建構〉，《海南師範大學學
　　報（社會科學版）》2014 年 3 期，頁 13－19。

李靜慈，〈試談秦腔《遊西湖》的成就〉，《陝西戲劇》1959 年
　　9 期，頁 25－26。

汪介之，〈「社會主義現實主義」在中國的理論行程〉，《南京師
　　範大學文學院學報》2012 年 1 期，頁 143－157。

沈嶢，〈讓蘇三回到「大街前」來〉，《戲劇報》1956 年 7 期，
　　頁 15。

邢恩源，〈1963 至 1965 年華東現代戲運動新探〉，《黨史研究與
　　教學》2013 年 3 期，頁 47－57。

周揚,〈我國社會主義文學藝術的道路──1960 年 7 月 22 日在中國文學藝術工作者第三次代表大會上的報告〉,《戲劇報》1960 年 Z1 期（14－15 期合訂本），頁 7－29。

周寧,〈有關歷史劇討論的討論〉,《晉陽學刊》2003 年 4 期，頁 100－107。

孟超,〈跋《李慧娘》〉,《文學評論》1962 年 3 期，頁 110－115。

宗釳采,〈京劇的藝術改革不能離開它的特殊樣式〉,《戲劇報》1955 年 3 期，頁 36－39。

金紫光,〈毛主席關於《逼上梁山》的信必須恢復原貌〉,《人民戲劇》1978 年 12 期，頁 4－6。

阿甲,〈談戲曲表現現代生活〉,《戲劇報》1958 年 18 期，頁 30－33。

俞佩淋,〈論 20 世紀 50 年代初歷史劇大討論〉,《西安電子科技大學學報（社會科學版）》2007 年 4 期，頁 89－95。

南開大學中文系地方戲研究小組,〈階級界限不容抹煞──評張庚同志對色情兇殺戲的錯誤觀點〉,《戲劇報》1960 年 8 期，頁 27－28。

段守新,〈「鬼」辯──重溫《李慧娘》及其大批判〉,《名作欣賞》2011 年 36 期，頁 7－10。

紅線女,〈解放思想，大膽創造，努力演好現代戲〉,《戲劇報》1960 年 10 期，頁 8－9。

胡適,〈易卜生主義〉,《新青年》4 卷 6 號（1918, 6），頁 489－503。

英華,〈文化部舉辦現代題材戲曲觀摩演出〉,《戲劇報》1960 年 7 期，頁 18。

韋華,〈一個被神化了的藝術符碼——現實主義真實性解讀〉,
《齊齊哈爾大學學報(哲學社會科學版)》2002 年 5 期,
頁 48−51。

孫由美,〈對戲曲的藝術改革問題討論中某些發言的不同意
見〉,《戲劇報》1955 年 3 期,頁 31−35。

孫紅俠,〈「現實題材」與「現實主義」——兼談現實題材戲曲
創作中存在的問題〉,《上海藝術評論》2018 年 3 期,頁
32−36。

袁初,〈必須正確認識藝術與政治的關係〉,《戲劇報》1960 年
17 期,頁 30−34。

馬少波,〈關於京劇藝術進一步改革的再商榷〉,《戲劇報》1955
年 3 期,頁 21−26。

馬少波,〈關於京劇藝術進一步改革的商榷〉,《戲劇報》1954
年 10 期,頁 7−14。

馬彥祥,〈是什麼阻礙著京劇舞臺藝術進一步的發展〉,《戲劇
報》1954 年 12 期,頁 20−26。

馬彥祥,〈評京劇《獵虎記》的演出〉,《戲劇報》1954 年 4 期,
頁 3−6。

馬彥祥,〈試論戲曲表現現代生活和繼承戲曲藝術傳統問題〉,
《戲劇報》1960 年 10 期,頁 4−9。

屠岸,〈探《探陰山》〉,《戲劇報》1957 年 7 期,頁 6−8。

張庚,〈中國戲曲的美學特點〉,《劇本》1984 年 2 期,頁 41−
46。

張庚,〈推陳出新及其它——向張庚、朱卓群兩位同志就正〉,
《戲劇報》1960 年 11 期,頁 31−36。

張庚,〈推陳出新與整理傳統劇目〉,《戲劇報》1963 年 10 期,頁 24－28。

張真,〈看崑曲新翻《李慧娘》〉,《戲劇報》1961 年 Z5 期（15－16 期合訂本），頁 47－49。

張真,〈重視劇目的思想分析〉,《戲劇報》1957 年 6 期,頁 3－6。

張煉紅,〈「幽魂」與「革命」：從「李慧娘」鬼戲改編看新中國戲改實踐〉,《中國現代文學研究叢刊》2013 年 5 期,頁 3－24。

張煉紅,〈「戲」說革命：「反歷史主義」戲改傾向及其文藝闡釋系統再考察〉,《社會科學》2013 年 10 期,頁 174－182。

梅蘭芳,〈對京劇表演藝術的一點體會〉,《戲劇報》1954 年 12 期,頁 27－28。

畢玉萍,〈孟超同志新編的崑劇《李慧娘》是一株反黨反社會主義的毒草〉,《歷史教學》1965 年 6 期,頁 57－58。

郭漢城,〈道德・人民性及其它——向張庚、朱卓群兩位同志就正〉,《戲劇報》1960 年 12 期,頁 29－34。

郭漢城、俞琳,〈推陳出新,古為今用——略談十年來戲曲傳統劇目的整理改編〉,《劇本》1959 年 10 期,頁 22－25。

陳晉,〈「兩個批示」的由來及影響〉,《毛澤東思想研究》1997 年 5 期,頁 88－93。

陳劍紅,〈為什麼對鬼戲的興趣那麼大？〉,《戲劇報》1964 年 Z1 期（11－12 期合訂本），頁 70－73。

陶厚勇,〈三大運動中,中共對於民主黨派統戰工作的思想與實踐〉,《福建省社會主義學院學報》2009 年 6 期,頁 34

—37。

馮其庸,〈評張庚同志對封建道德的錯誤觀點〉,《戲劇報》1960
　　年 Z2 期（19－20 期合訂本）,頁 60－66。

楊慧,〈瞿秋白對現實主義的正名和對自然主義的批評——從
　　《「現實」》的中俄文文本對勘說起〉,《中國現代文學研究
　　叢刊》2009 年 2 期,頁 83－94。

溫凌,〈人性‧性格‧階級性——駁郭漢城同志的人性論
　　觀點〉,《戲劇報》1960 年 5 期,頁 39－41。

溫潘亞,〈「純然主觀的表現方式」與「古為今用」——對建國
　　初戲改中「反歷史主義」創作傾向批評的重新評估〉,《江
　　蘇社會科學》2011 年 4 期,頁 148－152。

葉盛蘭,〈我的意見、我的希望——在「戲曲的藝術改革問題
　　座談會」上的發言〉,《戲劇報》1955 年 1 期,頁 42－43。

雷輝志,〈孟超因鬼戲《李慧娘》蒙難始末〉,《粵海風》2016
　　年 2 期,頁 87－97。

齊向群,〈重評孟超新編《李慧娘》〉,《戲劇報》1965 年 1 期,
　　頁 2－8。

劉方政,〈政治與藝術夾縫中的呻吟與掙扎——關於「十七年」
　　戲曲論爭的思考〉,《齊魯學刊》2010 年 3 期,頁 150－154。

劉方政,〈當代第一次戲曲論爭的意義〉,《中國現代文學研究
　　叢刊》2012 年 4 期,頁 187－197。

劉方政,〈學術批評‧學術批判‧政治批判——《李慧娘》在
　　1960 年代前期〉,《山東師範大學學報（人文社會科學版）》
　　2015 年 1 期,頁 13－23。

劉芝明,〈為創造社會主義的民族的新戲曲而努力〉,《戲劇報》

1958 年 15 期，頁 10－15。

劉皓然，〈堅持戲曲工作的不斷革命精神——駁張庚同志《反對用教條主義的態度來「改革」戲曲》一文中的若干論點〉，《戲劇報》1960 年 22 期，頁 27－34。

鄧紹基，〈《李慧娘》——株毒草〉，《文學評論》1964 年 6 期，頁 10－20。

蕭苗，〈關于鬼戲的批判問題〉，《新聞業務》1964 年 8 期，頁 1－4。

戴不凡，〈必須從生活出發——淺談戲曲現代劇內容和形式的矛盾問題〉，《戲劇報》1963 年 7 期，頁 11－15。

戴再民，〈試談戲曲劇目中的「鬼魂」〉，《劇本》1957 年 2 期，頁 89－92。

羅長青，〈「十七年文學」概念源起及其研究的合理性問題〉，《南方文壇》2018 年 4 期，頁 84－90。

龔和德，〈關於京劇的藝術改革中舞臺美術的創作問題〉，《戲劇報》1955 年 1 期，頁 44－49。

五、報紙文章

〈正確地對待祖國的戲曲遺產〉，社論，《人民日報》，1952 年 11 月 16 日，1 版。

〈戲劇舞臺成為社會主義教育有力陣地〉，社論，《人民日報》，1964 年 10 月 15 日，1－2 版。

艾青，〈談《牛郎織女》〉，《人民日報》，1951 年 8 月 31 日，3 版。

周恩來，〈中央人民政府政務院關於戲曲改革工作的指示〉，
　　《人民日報》，1951 年 5 月 7 日，1 版。

阿甲，〈評《新大名府》的反歷史主義觀點〉，《人民日報》，1951
　　年 11 月 9 日，3 版。

柏生，〈改進中國戲曲　中國戲曲改進會發起人集會　毛主席題
　　示「推陳出新」〉，《人民日報》，1949 年 7 月 29 日，2 版。

健鶴，〈改良戲劇之計畫〉，《警鐘日報》，1904 年 5 月 31 日，2
　　版、6 月 1 日，2 版。

陶君起、李大珂，〈一朵鮮艷的「紅梅」──從《紅梅記》的
　　改編，談到崑曲《李慧娘》〉，《人民日報》，1961 年 12 月
　　28 日，5 版。

楊紹萱，〈論「為文學而文學、為藝術而藝術」的危害性──評
　　艾青的《談〈牛郎織女〉》〉，《人民日報》，1951 年 11 月 3
　　日，3 版。